映像で見る

3・4・5歳の

ふれあいうた あそびうた

心と身体を育む118の関わり

目次

DVD 曲目一覧（種類別）

●ふれあいを楽しむ

●しぐさを楽しむ

●鬼を決める

●役を演じる、交代する

●じゃんけんあそび

DVD 曲目一覧（五十音順）

No. 1

ちょうちょ ちょうちょ

ちょうちょ　ちょうちょ　おりておいで
おまえの　とうさんが　おんぶする
おまえの　かあさんが　だっこする

●解説

春の散歩中、草花のそばで軽やかに舞うちょうちょを見つけると、子どもは好奇心に満ちた目で、ちょうちょの姿を目で追い、走って追いかけます。大人は、子どもを見守りながらも、時には「ちょうちょ ちょうちょ おりておいで」と自ら唱えることで、印象を深める助けになることでしょう。

日頃からわらべうたや詩に親しんでいる子どもは、あそびや生活の中で出会ったものと、わらべうたに出てくるモチーフを関連づけて、すぐにうたを連想してうたいます。その積み重ねは、想像力を高め、感性を豊かにすることにつながります。

子どもが自分でうたえた時に、そのうたをひらめいたことの素晴らしさに大人が共感すると、子どもはより自信を持ってわらべうたに親しめるようになるでしょう。

大人たちも、日頃から身近なものをうたったわらべうたや、簡単な詩を唱える習慣を持っておきたいものです。

No. 2

こりゃ どこの

P.134

指定ページに楽譜を掲載しています（詩は除く）。

こりゃ　どこの　じぞうさん
うみの　はたの　じぞうさん
うみに　つけて　どぼーん

●解説

大人二人で一人の子どもの体を持って左右に揺するあそびです。子どもは、体の力を抜いて身をゆだね、振り子のように揺れることを楽しみます。

赤ちゃんの頃から、大人と一対一で揺する（揺れる）あそびをたくさん体験した子どもは、バリエーションがさらに広がったこのようなあそびに参加しようとします。体全体が宙に浮くような、こわい感覚がありますが、毎日、生活を共にする大人への信頼関係があれば、安心して楽しめます。繰り返しうたう時も、速さを変えずにゆっくり揺らしましょう。

友だちが楽しんでいる様子を見た子どもたちは、「自分もやってみたい」「自分も揺らしてもらいたい」と気持ちが高まり、自分の番を心待ちにしながら、見守れるようになります。

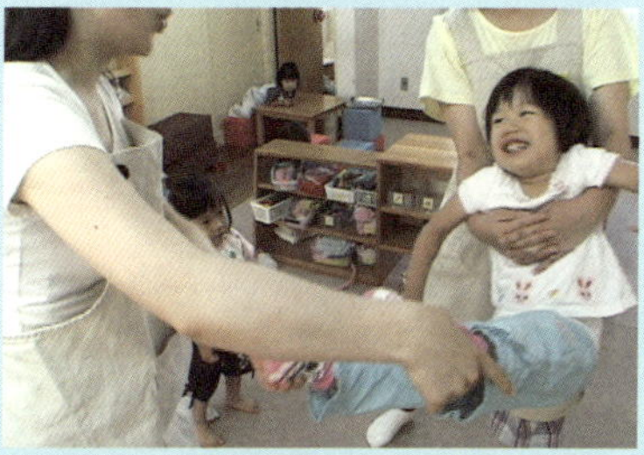

No. 3

P.134

たけんこが はえた

たけんこが　はえた
たけんこが　はえた
ぶらんこ　ぶらんこ　さるがえり

●解説

自分が日頃やってもらっているように、愛着のあるぬいぐるみや人形を、うたに合わせて揺すってあそぶ姿が見られるようになります。揺すってもらう心地よさを、大好きなぬいぐるみにも知らせたいというのは、子ども自身が大人からたっぷりと愛情を受けているからこそ芽生える感情です。

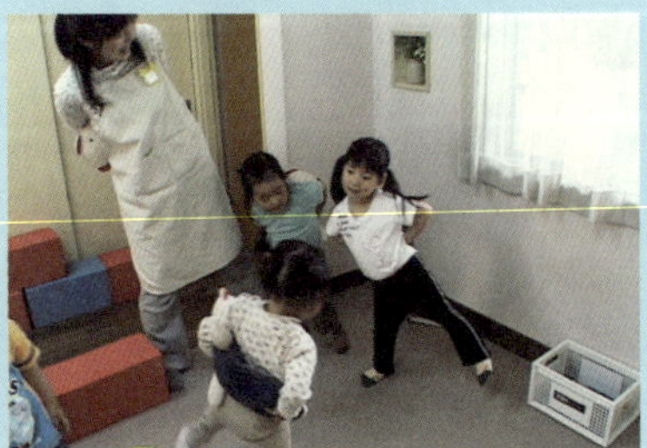

揺するあそびの原点は、母親のお腹の中にあるといわれています。子どもにとって、母親のお腹にいる時ほど平安な時はありませんが、母親が笑いお腹が弾むと、赤ちゃんも一緒に揺れます。母親の喜びが揺れるリズムと共に赤ちゃんに届けられるのです。

大人は、子どもが成長していくプロセスにおいて、お腹の中にいた時と同じように安心できる環境を用意したいと願っています。そして自らの幸せな思いを伝えたいと思っています。その助けとなるのが、ぜひわらべうたであってほしいですね。

No. 4

P.134

さるの こしかけ

さるの　こしかけ　めたかけろ
めたかけろ

●解説

成長するにつれて、大人との関わりだけでなく、友だちと一緒にあそぶことを楽しいと感じるようになっていきます。少ない人数でも、友だちと一緒にわらべうたに参加し、達成感を共有する、こうしたことを日々繰り返すことが、次の段階にある集団あそびの楽しみにつながっていくのです。

「さるのこしかけ」はキノコの一種で、「めた」とは甲州弁で「たくさん」、長野方言で「どんどん」という意味です。「さるのこしかけにどんどん腰かけろ」というあそびです。

大人や友だちのひざに次々と乗っていくあそびですが、みんなで上手に乗るには、協調する力が求められます。そして、体重のかけ具合を調節して、足で踏ん張って姿勢を保つなど、体力も必要です。あそびを通して、様々な力が養われます。

No. 5

P.134

おすわりやす

おすわりやす　いすどっせ
あんまりのったら　こけまっせ

●解説

「イスには立たないで」というメッセージを、禁止や否定ではなくコミカルに伝えられるうたです。

小さな頃は、大人のひざの上に子どもがすわり、縦に揺らしてあそびます。おすわりが上手にできるようになった頃には、「こけまっせ」で脚の間にストンと落とします。子どもが大好きな瞬間です。

大きい子どもは、イスとりゲームであそびます。同じ年齢同士であそぶと、個性も発揮され、様々なドラマが生まれます。

年齢の違う子どもが一緒にあそぶと、瞬発力や俊敏性で勝る大きい子どもが、手加減をしてあげる姿も見られます。

No. 6

P.135

きよみずの

きよみずの　かんのんさまに
すずめが　さんびき　とまった
その　すずめが　はちに　さされて
あいたた　ぶんぶん　あいたた　ぶんぶん
まずまず　いっかん　かしもうした
こめ　やすくなれ　やすくなれ
はな　たかくなれ　たかくなれ

●解説

舟こぎの動きを楽しみ、最後に顔にふれるあそびを楽しむわらべうたです。

長いうたですが、３歳くらいになると、集中力や持続力もついて、うたの詞に耳を傾けたり、口ずさんだりしながら楽しめるようになります。

あそびとしては、最後の顔にふれる部分がアクセントになります。大人は最後の部分に向かってうたのストーリーを語るようにうたっていきます。

うたうスピードを変えず、淡々とうたっていき、ふれるあそびの前で少し間をおくことで、うた全体が引き締まります。

大人が子どもに愛情を込めてふれることで、子ども同士であそぶ時も相手の子に対してやさしくふれられるようになっていきます。友だちのあそびを真似て、人形を相手にして楽しむ姿も、よく見られるようになるでしょう。

No. 7

P.135

えびすさんと

えびすさんと　だいこくさんと
にらめっこ　しましょ
わろたら　だめよ
うんとこ　どっこいしょ

●解説

３歳くらいになると、情緒も豊かになり、喜怒哀楽の感情も自分の意思でコントロールしながら表現できるようになります。

表情であそぶ楽しさを覚え、大人のしぐさを真似るだけでなく、自発的に表情をつくってあそぶようになります。

このわらべうたでは、にらめっこした時に、ほっぺをいっぱいに膨らませる時の緊張感と、笑った時に弾ける開放感の差を楽しみます。向き合った者が同時に感じる空気の変化がおもしろいあそびです。

子どもたちは何度も何度も繰り返し楽しみます。テンポよく弾むようにしてうたうことで、にらめっこに向かう気持ちが高まります。

にらめっこのポーズのところで腕組みをしているのは、手を使わずにおもしろい顔をつくるためです。表情筋を思いっきり使うあそびです。

No. 8

P.135

にゅーめん そーめん

にゅーめん　そーめん　ひやそーめん
かきがらちょうの　ぶたやの　つねこさんが
ちんぴ　ちんぴ　ちんぴ　ちんぴ
だいこんおろし　だいこんおろし　だいこんおろし
みせですか？　おくですか？
みせ ／ おく

●解説

うたの通り、夏にぴったりのあそびです。リズムに合わせて体をくすぐってうたいます。「にゅーめん そーめん～」は腕全体をそーっとなでて、「だいこんおろし～」はゴシゴシと強くこすることで、対照的な刺激を感じることができます。

くすぐりを予感させるので、子どもの期待感も膨らみます。最後に、「みせ」と答えれば手のひら、「おく」と答えれば脇の下をくすぐられます。くすぐってほしい場所を、自ら選ぶ（言う）ところが、このわらべうたのおもしろいところです。

子どもは何度もこのあそびを繰り返し、みせとおくをためします。どちらかといえば「おく」の方が人気があります。脇の下の方が、くすぐったい（楽しい）ことを、子どもたちはよく知っているからです。

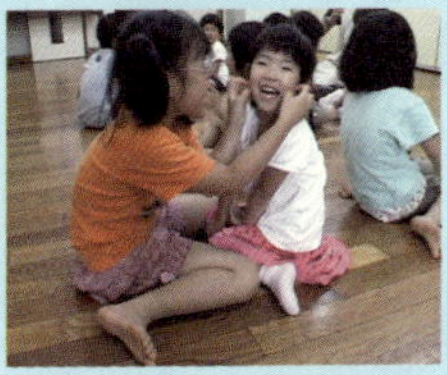

No. 9

P.136

いちばち とまった

いちばち　とまった
にばち　とまった
さんばち　とまった
しばち　とまった
ごばち　とまった
ろくばち　とまった
しちばち　とまった
はちがきて　くまんばちがさして
ぶんぶんぶんぶん　ちくっ！

●解説

数字の８と虫のハチをかけた数えうたです。二人組で「いちばち」「にばち」とハチを数えながら、手を塔のように重ねていきます。

手の甲をつまみ合うという行為は、他のわらべうたにはないあそびです。手の甲をつまむとほんのりとした痛みを感じます。ハチが手にとまる緊張を表現しているのでしょうか。どこをつまむと痛くないかもやっていくうちにわかっていきます。

「しちばちとまった」の後、ハチが飛んでくる様子を唱える時、「ぶんぶんぶんぶん」の前に少し間をあけると子どもの期待感は高まります。体のどこを刺されるのか、ワクワクしながら待つことでしょう。

No. 10

P.136

たんぽぽ たんぽぽ

たんぽぽ　たんぽぽ
むこうやまへ　とんでけ

●解説

身近な春の草花たんぽぽと、子どものあそびといえば綿毛飛ばし。散歩中に見つけると、すぐに手にとります。フーッと吹き飛ばそうとしますが、そんな時に、このうたをうたいます。短いうたですが、綿毛を飛ばすという単純なあそびの期待感を膨らませてくれます。

「むこうやまへ とんでけ」といううたの終わりを待って、フーッと息を吹きかける子どもたちの表情はとてもうれしそうです。

子どもが小さい頃は、大人と一緒にうたって綿毛を飛ばしてあそびますが、すぐに、子どもたち同士で自然に口ずさむようになるでしょう。

P.136

No. 11 とんぼや とんぼ（1）

No. 87 参照

とんぼや　とんぼ
むぎわらとんぼ
しおからとんぼ
ひなたは　あつい
こちゃ　きて　とまれ

●解説

春はだんご虫、夏はセミ、秋はトンボ…。トンボは子どもたちが親しみを抱く虫の代表です。

子どもたちに大人気のトンボを見つけた時に、このうたをうたうと、トンボへの関心が高まり、親しみが持てることでしょう。

自分の指にトンボがとまってくれることを一心に願って、空に向かってまっすぐに腕を上げて指を立てる子どもたち。大人は励ますような気持ちでリズムよくうたいましょう。

リズムのあるうたなので、歩行のあそびとしても楽しまれます（No.87）。

No. 12

P.136

なべなべ（1）

No. 97 参照

なべなべ　そこぬけ
そこが　ぬけたら
かえりましょ

●解説

両手をつないだ輪を鍋に見立て、うたに合わせて体を揺らし、最後の「かえりましょ」で、手を離さずに背中合わせになるようにひっくり返ります。

子どもたちが大好きなところですが、呼吸を合わせるのは難しいです。小さい子どもの場合、友だちと顔を見合わせながら揺れるという行為そのものを楽しみ、繰り返します。

ひっくり返る場合、「二人が上げた手のトンネルに、下げた手を入れるようにしてくぐる」ことを伝えるといいでしょう。元に戻る時も同じで、気持ちを合わせて同じ方向へ頭を入れればきちんと返ります。

大きくなれば、輪になってあそびを展開できるようになります（No.97）。

No. 13

P.137

おちゃをのみに（1）

No. 51 参照

おちゃを　のみに　きてください
はい　こんにちは
いろいろ　おせわになりました
はい　さようなら

●解説

「こんにちは」「さようなら」などの挨拶の言葉が盛り込まれ、短いうたの中に、出会いから別れまでが凝縮されている魅力的なわらべうたです。

人との関わりの基本になる挨拶をあそびの中で知り、気持ちを込めて相手と向き合う方法を身につけていきます。おじぎのしぐさがあるのが日本ならではです。小さい頃は、いろいろな場面で、しぐさあそびとして楽しめます。大きくなったら役交代でもあそびます（No.51）。

子どもたちは、丁寧な挨拶の仕方を覚え、普段の生活でも、気持ちよく挨拶ができるようになるでしょう。

P.137

No. 14 まめっちょ まめっちょ（1）

No. 81 参照

まめっちょ　まめっちょ
いったまめ　ぼりぼり
いんねまめ　なまぐせ
すずめらも　まわっから
おれらも　まわりましょ

●解説

輪になって回るという行為は、わらべうたあそびを集団で楽しむ第一歩といえます。

このうたは、軽快なリズムに合わせて歩き、門をくぐり、「まわりましょ」で門が下がり、かかった子どもが門番を交代します。基本的には、門をくぐるあそびです（No.81）。ただ、そうしたルールが難しい小さい子どもの場合は、手をつないで輪をつくり、うたに合わせて腕を揺らしたり、歩いて回ったりするだけでも楽しめます。

最初は、３～５人くらいの小さな集団で行うとよいでしょう。

No. 15

P.137

うさぎ うさぎ

うさぎ　うさぎ
なぜ　みみ　なーげ
やまのことも　ききてーし
さとのことも　ききてーし
それで　みみ　なーげ

●解説

「うさぎの耳はなぜ長いのか」という素朴な疑問に、その理由を唱えるわらべうたです。

日頃から、子どもは自分の身近なものについて、疑問があふれ出ています。子どものこうした好奇心に対して、大人は日々の忙しさの中で、つい聞き流したり、理屈っぽく答えたりしてしまいます。その答えが正解かどうかは別にして、このうたのように、想像力が膨らむような楽しい答えが用意できると素敵ですね。子どもの中にもユーモアが広がり、物事を楽しくとらえようとする感性が育つことでしょう。

No. 16

P.138

あずきちょ まめちょ

あずきちょ　まめちょ
やかんの　つぶれっちょ

●解説

成長するにつれて、大人と二人組であそぶだけでなく、子ども同士で二人組になってあそんだり、ぬいぐるみや人形にうたったりします。そして、大人の存在が必要な時期を含めて、3～4人の輪をつくって、様々なあそびを楽しめるようになります。

このわらべうたのように、二人組や輪になった状態で、手をつないで屈伸したり、しゃがんだりするためには、息を合わせて動くという協調性が必要です。子どもの平衡感覚が育っているかどうかも関係しますし、空間認知ができていなければ、相手や周りの人と、どの程度の距離を保てば動きやすいのかを把握することはできません。

シンプルな動きの中に、子どもの様々な成長が含まれているのが、わらべうたのあそびなのです。

No. 17

P.138

ぎっこん ばっこん

ぎっこん　ばっこん　よいしょぶね
おきは　なみ　たかいぞ

●解説

大きな波を感じながら舟をこぐあそびです。波の音が遠く彼方まで続く海の広がりがイメージできます。

馬や車などの乗り物と違い、ゆったりと漂う舟ですから、広い海を感じながら、のんびりとこぎましょう。

まずは大人が沖に向かって舟をこぎ進める舟人になったつもりで、拍を意識して引き合うようにすると、子どもも拍を感じやすくなります。繰り返すうちに、舟こぎの動きがリズミカルに表現できるようになっていきます。

肘を曲げたり伸ばしたりする動きは、子どもの緊張感をほぐし、身も心もリラックスした状態にしてくれます。

日本は島国とあって、海が身近な存在であり、人々の生活に密着していたからでしょう。海をテーマにしたわらべうたは数多く伝えられています。

No. 18

P.138

きっこの こびきさん

きっこの　こびきさん
おちゃのんで　ひきんか
まだひる　はやい
いっぷくすうて　ひかんか

●解説

木こりの仕事をうたったわらべうたです。大きなのこぎりで木を切る情景をイメージしながら、息を合わせて腕を引き合いましょう。

二人組になり、左右の腕を交互に引き合うという動きは、3歳くらいでは難しいかもしれません。初めのうちは大人が行為を見せながら、繰り返しうたっていくとよいでしょう。

子どもは、調子を合わせて引き合うという動きの中で、協力し合うことや達成感を味わう喜びを知っていきます。

働く人たちのうたなので、弾みをつけて引き合い、声も歯切れよく発し、楽しい雰囲気でうたいましょう。

仕事というものは、昔は親から子どもへ受け継がれるものでした。労働は人々の生活の近くにあり、子どもは大人の姿を間近で見て成長していったのでしょう。今のような時代だからこそ、このようなうたをうたい継ぐことが大切ではないでしょうか。

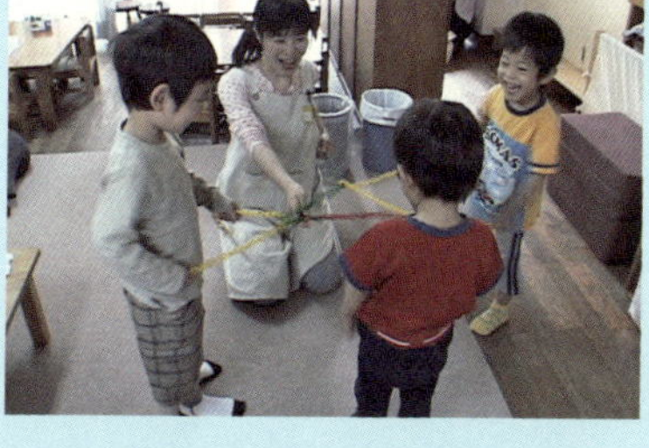

No. 19

P.138

はたはた おれよ

はたはた　おれよ
いったん　おったら
やすましたるよ

●解説

機織《はたお》りのしぐさを楽しむわらべうたです。大人が拍を意識し、歯切れのよい声でうたうと子どもも拍が感じとりやすくなります。

手を拍に合わせてはっきり動かすと、より機織りらしさが表現できます。

わらべうたには、労働をモチーフにしたものがたくさんあります。家の外での労働、家の中での労働…人々の生活は様々な仕事に支えられて成り立っているものだということを、わらべうたは間接的に伝えてくれます。

子どもは、あそびの中で働く大人たちの生活にふれ、働く大人へのあこがれを抱くようになります。

No. 20

P.138

こっちの たんぽ たんぽや

こっちの　たんぽ　たんぽや
こっちの　たんぽ　たんぽや
おつむ　てん　てんや
かっくり　かっくり　ばー

●解説

しぐさあそびと、いないいないばーのあそびがくっついたわらべうたです。最後の「かっくり かっくり ばー」に至るまで、体の部位を触りながらやりとりを楽しみます。

大人の真似をしてあそんでいた頃とは違い、成長するにつれて、うたとあそびの全体像を自分の中でしっかりとイメージできるようになります。いないいないばーをするまでに、はりきって自発的にうたい進めていく姿が見られるでしょう。

幼い時にうたっていたうたも、大きくなってから、もう一度振り返ってあそんでみると、前より自立してうたえるようになっています。

小さい頃から大きくなっても、ずっと楽しむことができることが、わらべうたの魅力の一つです。子どもの成長した姿を見ることができます。

No. 21

P.139

おはぎが およめに

おはぎが　およめに　いくときは
あんこと　きなこで　おけしょして
まるい　おぼんに　のせられて
ついた　ところが　おにがしま

●解説

鬼はこわい存在ですが、子どもにとっては昔話や絵本の体験から、なじみ深い存在でもあります。このわらべうたは、おはぎがお化粧をして、お盆の舟に乗って、鬼ヶ島へ向かうという物語になっています。

しぐさあそびで楽しむ子どもたちは、まるで短い劇あそびをしているかのように、うたに集中します。

「おはぎ」を擬人化するというユーモラスなシチュエーションもあって、うたうたびに笑いがこぼれるあそびです。

うたい方として、「ついた ところが」では少し声を小さめに出したり、最後の鬼が登場するシーンで少し間をあけたりすると、よりおもしろくなります。

No. 22

P.139

たけのこ めだした

たけのこ　めだした
はなさきゃ　ひらいた
はさみで　ちょんぎるぞ
えっさ　えっさ　えっさっさ

●解説

３歳くらいになると、指先の機能分化が進み、自由に指が動かせるようになっていきます。

このわらべうたは、指が自由に動かせる喜びを感じる３歳くらいの子どもにとって、大きな達成感を味わえるうたあそびです。

中には、拍に合わせて、テンポよく指の形を変化させられない子どももいるかもしれません。できる限り、その子どもに合わせてうたっていくとよいでしょう。

何度も繰り返すうちに、ゆっくりのテンポでしか参加できなかった子どもも、巧みに指が動かせるようになっていきます。

繰り返し繰り返し、ゆったりとした気持ちでうたえるような雰囲気づくりも大切ですね。

No. 23

P.139

にわとり いちわは

にわとり　いちわは
いちもんめ　こけこっこ
にわとり　にわは
にもんめ　こけこっこ

●解説

にわとりの姿やしぐさを、全身で表してあそぶうたです。

おすわりの姿勢など、体の一部分を使ってあそぶことが多かった時期を経て、全身を使ったあそびを楽しむようになっていきます。

運動面での動きが活発になることで、全身を自由にコントロールしながら変化させていく力や、身体像を認識することで、模倣する力が備わっていきます。様々な力がしっかりと育つと、このようなわらべうたが楽しめるようになります。

身体の成長だけではありません。「にわとりらしさ」がどんなものか、想像しながら、動きを細やかに工夫して、しぐさを楽しめるようになります。言葉と物事をイメージする力もついている証拠です。

No. 24

P.140

あめ あめ やんどくれ

あめ　あめ　やんどくれ
あしたの　ばんに　ふっとくれ

●解説

わらべうたには、自然現象に呼びかけるものがたくさんあります。雨が続き、戸外でなかなかあそべない梅雨の時期、室内のごっこあそびの中で「雨の日のお出かけごっこ」を展開させ、雨の季節ならではの工夫をして盛り上がります。

このわらべうたあそびの場合は、お出かけのイメージの中で、遊具で見立てた傘をさしたり、布で見立てたレインコートを身にまとったりしながら「あめ あめ やんどくれ」と声をそろえてうたっています。

友だち同士であそぶときに、身近なわらべうたがうたわれている様子はとても自然で、ほほえましい光景です。

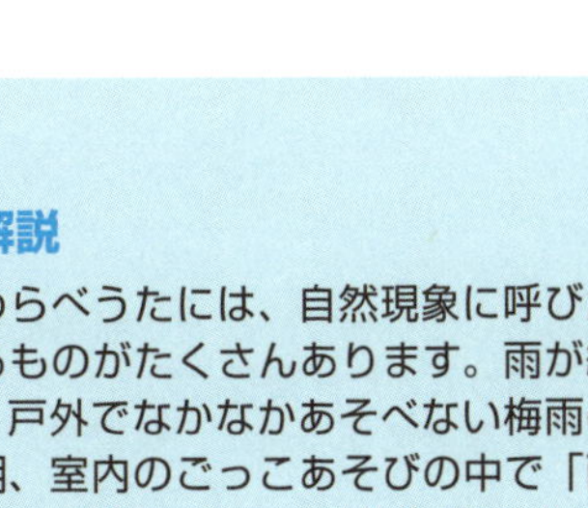

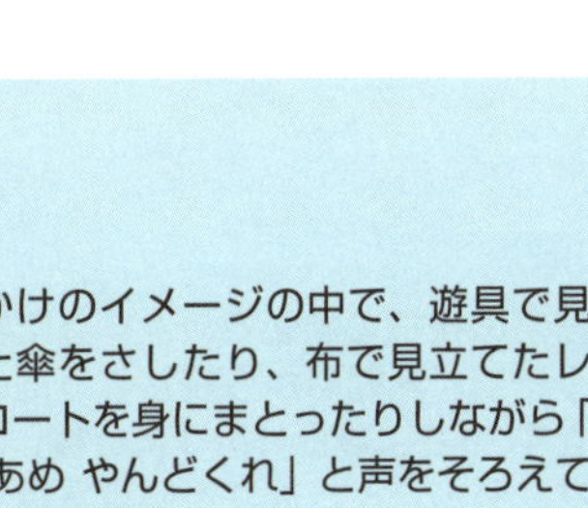

No. 25

P.140

さよなら あんころもち

さよなら　あんころもち
また　きなこ

●解説

日常の挨拶の場面で、よくうたわれるうたで、乳児期から親しむうたの一つです。「さよなら」と「またね」の意味を、あんこときなこという言葉を交えて表しています。

保育園などでは送迎時にもうたわれ、朝、仕事に向かう親とのふれあいとして、子どもは親へ、親は子へ、思いを込めてうたいます。夕方、無事に仕事から帰ってきた保護者との再会を喜び、保育室を後にする時に、保育者と子どものお別れの挨拶としてうたわれます。

こうした習慣から、ごっこあそびや世話あそびの中でも、子どもたちは頻繁にうたいます。誰もが大好きなわらべうたの一つです。

No. 26

P.140

いちわの からすが（1）

No. 99 参照

いちわの　からすが　かあか
にわの　にわとり　こけこっこ
さんわの　さかなが　およぎだす
しは　しらがの　おじいさん
ほら　いちぬけろ　ほら　にぬけろ
ほら　さんぬけろ　ほら　しぬけろ
ほら　ごぬけろ　ほら　ろくぬけろ
ほら　しちぬけろ　ほら　はちぬけろ
ほら　くぬけろ　ほら　じゅうぬけろ

●解説

カラスやにわとり、魚、おじいさんになりきり、うたの内容に合わせて、具体的な対象と動きをイメージして、しぐさを変化させます。豊かな想像力が必要とされるわらべうたあそびです。

子どもが小さい頃は、数える部分を省略して楽しむこともできます。子どもたちは、我こそはもっとも上手だという得意げな表情で何度も繰り返しうたって演じるでしょう。

大きくなれば、数える部分もすべてうたい、うたに合わせて複雑な歩行を展開することもできます（No.99）。

No. 27

P.141

いもむし ごろごろ

いもむし　ごろごろ
ひょうたん　ぽっくりこ

●解説

床に寝転んだり、転がったり、いもむしになりきってごろごろしてあそびます。大人は拍を感じてゆったりしたテンポを保ってうたいますが、子どもは自分のペースで転がっていきます。

３歳くらいになって足腰がしっかりしてくると、少人数でしゃがみ、連なって歩くあそびも楽しみます。

順番や列のつくり方に工夫は必要ですが、何度も何度もチャレンジしようとする姿が見られることでしょう。

進む速度によって成功したりしなかったり、平衡感覚が備わっていないとできない高度なあそびです。お互いを意識し合って、一緒に動くという協調性が養われます。

No. 28

P.141

むかえの おさんどん

むかえの　おさんどん
かみ　ゆうて　たもらんか
めんめんしょうで　めを　しかめ
はんはんしょうで　はな　ならし
くんくんしょうで　くち　あけて
しんしんしょうで　した　だして
あんあんしょうで　あご　なぜる

●解説

手合わせから、目・鼻・口・舌の順でお互いの表情を見せ合い、最後に相手のあごをなでます。しぐさのコミュニケーションがぎゅっと詰まったわらべうたです。

うたの言葉に合わせて進めるあそびで、どんなしぐさをするかの指示が明確です。子どもたちは、迷うことなく楽しめます。

表情の中でも、「目をしかめる」というのは難しいようです。子どもたちは「しかめる」という言葉から想像し、思い思いのしかめ顔をします。また、鼻を鳴らすのも楽しく、大笑いしながら盛り上がります。

手合わせは、最初に自分の手を打って、その次に相手の手を打つことを伝えると、要領を覚えやすいでしょう。

No. 29

P.141

だいこんつけ だいこんつけ

だいこんつけ　だいこんつけ
うらがえし
だいこんつけ　だいこんつけ
おもてがえし

●解説

　大根を漬ける時の動きを表現したうたです。裏返し、表返しと、手のひらを返すしぐさがあり、「おもて」と「うら」という言葉と、手の表と裏の部位の認識が重なります。

　漬け物を漬けるといううたなので、大根以外の野菜もうたにすることができます。「他の野菜の漬け物もつくろう」と呼びかけると、子どもたちは次々と、知っている野菜の名前を挙げてくれます。

　漬け物が苦手という子どもが増えていますが、楽しくあそぶ中で、なじんだ食材や調理方法を身近に感じてくれることを願ってうたいましょう。

No. 30

P.142

かれっこ やいて

かれっこ　やいて
とっくらきゃして　やいて
しょうゆ　つけて
たべたら　うまかろう

●解説

カレイを焼いて食べるしぐさを楽しむあそびです。魚を焼いて、ひっくり返して醤油をつけるという、一連の動きをうたにしていて、美味しく焼けた魚を食べて締めくくります。

簡単なあそびですので、小さい子どもも十分に楽しめます。大きい子どもがいる時は、他の魚を焼いて楽しむのもよいでしょう。「次は、どんな魚を焼く？」と子どもに質問すると、我も我もといろんな魚の名前を言ってくれます。一つひとつ、丁寧に焼き上げると、美味しそうにほおばってくれます。

時には、ひっくり返せないような大きな魚も登場しますが、蓄えた知識を表現する場は自信にもつながります。「よく知ってるね」と肯定的に受け入れてあげたいものです。

No. 31

P.142

つくしは つんつん

つくしは　つんつん　でるもんだ
わらびは　わらって　でるもんだ
きのこは　きのしたに　でるもんだ
しょうろは　しょろっと　でるもんだ

●解説

語呂合わせとしぐさを楽しむうたです。つくしはつくしらしく、わらびはわらびらしく、キノコはキノコらしく、しょうろはしょうろらしく、思いっきり演じるのが、このうたを楽しむコツです。特に最後の「しょうろは しょろっと」のところに向けて、盛り上がります。

ユーモアたっぷりに表現できるので、普段はしぐさあそびが苦手な男の子も大好きです。ちなみに、しょうろ（松露）とは、松の木の下に生える丸い形のキノコのことです。

No. 32

P.142

きゃーろの めだま

きゃーろの　めだまに　きゅーすえて
それでも　とべるか　とんでみな
おっぺけ　ぺっぽ　ぺっぽっぽ

●解説

きゃーろとはカエルのこと。春～初夏、梅雨の時期によくあそぶうたです。「目玉に灸すえて」とあるように、残酷な詞が伝わっているのもわらべうたの特徴です。

カエルがぴょんぴょん飛び跳ねる姿をイメージして、うたのリズムに合わせて跳びます。うたの中で拍を感じて体で表現できる、とても素敵なうたです。

小さい頃であれば、飛び跳ねるしぐさをするだけで十分に楽しめます。身体が成長していくと、歯切れよく、テンポよく、うたに合わせて飛び跳ねることができます。

大きくなると、役交代のあそびとして飛び跳ね、しかも「ぺっぽっぽ」の「ぽ」のタイミングに合わせて上手に役交代ができるようになります。

No. 33

P.143

くまさん くまさん

くまさん　くまさん　まわれみぎ
くまさん　くまさん　りょうてを　ついて
くまさん　くまさん　かたあし　あげて
くまさん　くまさん　さようなら

●解説

子どもが小さい時は、うたに合わせてしぐさを楽しみます。

次の段階として、二人組の向かい合わせでしぐさあそびをします。その場合、「りょうてを ついて」のところは相手の手と合わせます。大きくなれば、みんなで二重の輪をつくってあそぶこともできます。うたに合わせて外の円が横にずれて、繰り返しうたって１周、最初の友だちと、再び出会えた時のうれしさはひとしおです。「やった！」と、子どもたちは抱き合って喜びます。

縄跳びのうたとしてもあそびます。大縄の中に入り、うたに合わせて跳びながらしぐさをします。「さようなら」で、タイミングよくひっかかることなく縄から抜けられたら成功です。

No. 34

P.143

からす からす

からす　からす　どこさ　いぐ？
てんねんじの　ゆさ　いぐ
てに　もったの　なにかいな？
あわの　こめ　あわの　こめ
おれにも　ちっとは　くれないか？
くれれば　へるわいな
へったら　また　つくれば　い
つくれば　つめたいよ
つめだけりゃ　あだれば　い
あだれば　あっちちち
あついなら　そこひけよ
そこひきゃ　いたいよ
いたけりゃ　いたちの　くそつけろ

●解説

向かい合った列が言葉をかけ合い、しぐさを楽しみます。最後の「くそつけろ」で投げつける（られる）ところが盛り上がります。小さい子どもは、しぐさを真似ることを喜び、大きい子どもに交じりながら、慣れていきます。

手を乱暴に引っぱらないように気をつけると、隊列が崩れにくいです。

No. 35

P.144

どのこがよいこ

どのこが　よいこ
このこが　よいこ

●解説

あそびの中で、鬼を決めたり、誰かを選ぶ場面でうたいます。

子どもは誰でも、自分のことを「いいこ（よいこ）」ととらえてほしいと思っています。そのことを言葉にして表現してくれるうたで、「いいこ（よいこ）」に選ばれた時の喜びはひとしおです。鬼決めのうたの中でも短い方ですが、少ない言葉の中に深いメッセージが込められています。

ゆっくりと一人ひとりの頭をやさしく触りながら、うたい、選びましょう。

No. 36

P.144

おえびす だいこく

おえびす　だいこく
どっちが　よかんべ
どーでも　こーでも
こっちが　よかんべ
おすすのす

●解説

あそびの中で、鬼を決めたり、誰かを選ぶ場面でうたいます。「どっちがよかんべ」という歌詞からも、決める行為にふさわしいうたですね。恵比寿様や大黒様に「どーでも こーでも」と言われてしまうのですから、みんな納得するしかありません。

このうたは語呂がよく、唱えやすいことから、子どもが一人でもうたいやすく、人気があります。「おすすのす」という締めの言葉も、子どもたちにとってユーモアのある響きに聞こえるようです。

小さい子どもの場合は、大人が頭を順になでながら決めるとよいでしょう。

No. 37

P.144

どっち どっち（1）

No. 63 参照

どっち　どっち　えべすさん
えべすさんに　きいたら　わかる

●解説

鬼決めのうたには、神様がよく出てきます。物事を決めるというのは主観的な行為ですから、常に争いの種になります。そんな時、神様のように人間の力が及ばない立場に決めてもらえば、無駄な争いが避けられます。「自分たちでは決められないから神様に聞いてみよう」という知恵で、うたい継がれていったのでしょう。

鬼を決めるだけでなく、小さなものを手の中に隠してどっちに入っているかあてるあそびもあります（No.63）。

No. 38

P.144

いっぽ でっぽ

いっぽ　でっぽ
ぐっち　じょっく
じょっとの　け

●解説

子どもは、まじないのように何を言っているのかわからないという言葉に対して強い関心を示し、わらべうたでも、意味を持たない言葉のうたを好む傾向があります。「いっぽでっぽ」も、言葉の語呂を楽しむ鬼決めのわらべうたです。促音がたくさん使われているために、リズムよく口ずさめるのが特徴的です。

鬼決めといっても、小さい頃は鬼決め自体を繰り返しあそんで楽しみます。次は誰のところでうたが終わるだろう、自分かな、自分であってほしい、と期待に胸を膨らませる子どもの気持ちが、表情から伝わってきます。できるだけ全員が満足できるように、繰り返しうたってあげたいものです。

No. 39

P.144

いっぷ でっぷ

いっぷ　でっぷ
いもくい　やまの
ぷいの　ぷいの　ぷい

●解説

鬼決めでよくうたわれます。芋がモチーフになっているので、ジャガイモの苗を植えた後や、さつま芋堀りに行く前など、子どもたちが芋に関心を持ちやすい頃にうたい始めると、より親しみを持つでしょう。

しっかり拍を感じてうたいます。特に「ぷいの ぷいの ぷい」のところは、破裂音を利用して弾けるように発音すると楽しい気持ちも膨らむでしょう。

いっぷの「い」と、いち（1）として「い」がかかっているので、うたい出しやすく、子どもたちもすぐに覚えてしまいます。

No. 40

P.145

いなかの おじさん

いなかの　おじさん
たんぼみち　とおって
かえるを　ふんで
げのげのげ

●解説

ユーモラスなストーリーのある鬼決めのわらべうたです。鬼決めのうたではありますが、小さい子どもの場合、人形やぬいぐるみを並べて、どの人形があたるか繰り返しうたう単純なあそびなどでも盛り上がります。

普段、鬼決めは、拍を感じながらテンポよく進むものです。しかし、初めてうたう時や、小さい子どもとうたう時は、拍を感じながらも、うたの情景がイメージしやすいように、速度をややゆるやかにうたうように心掛けます。

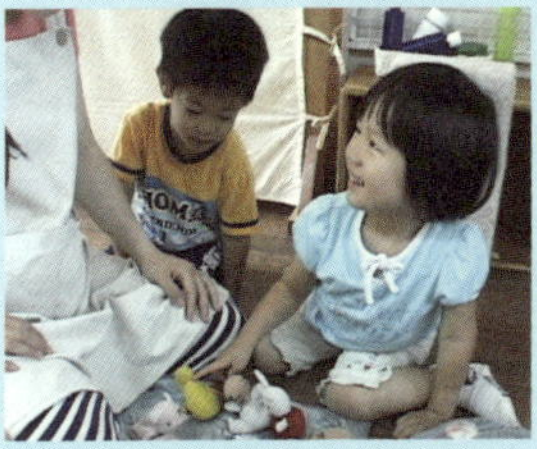

No. 41

P.145

おちょぼ ちょぼちょぼ

おちょぼ　ちょぼちょぼ
おてらの　さらを　いくさら　かりた
みさら　よさら　よさらの　うちで
みのかさ　きたもな　おのれが　おにじゃ
しんまい　がっちのこで　ぬけしゃんせ
かわらの　ねずみが　こめくって　ちゅう
ちゅうすけどん　どっこいしょ
いどばたで　ちゃわんを　くだいた
だーれだ？

●解説

　とても長いうたですが、子どもは好んで鬼決めの時によくうたいます。長い分、鬼が決まるまでのワクワク、ドキドキが続くと同時に、うたの世界そのものも楽しめます。

　人数が多い時に、全員に回らせるためにうたわれることもありますが、少ない人数でも、何週も回って鬼が決まる様を、子どもたちはうれしそうに見ています。

　子どもにはわかりにくい言葉もあり、物語もつかみにくいのですが、言葉の表現の愉快さに魅力を感じることができるうたです。最後の「ちゃわんを くだいた だーれだ」というところでは、いたずら好きの子どもたちは、より楽しさを感じることでしょう。

No. 42

P.146

てるてるぼうず

てるてるぼうず　てるぼうず
あした　てんきに　しておくれ

●解説

遠足など行事の前日には、晴れを願い、てるてるぼうずを軒下につるします。その時のうたですが、役交代のあそびとしても楽しむことができます。

手に持ったてるてるぼうずを、うたに合わせて揺らしながら歩くだけですので、小さい子どもも楽しめます。てるてるぼうずに愛着を持ってやさしく丁寧に扱えたら評価してあげましょう。てるてるぼうずは、天気の願いをかなえてくれる大切な存在です。大人もそのような気持ちを持って扱うことで、子どもたちにも尊敬する心が伝わるでしょう。

No. 43

P.146

ゆうびん はいたつ

ゆうびん　はいたつ　えっさっさ
そくたつ　はこんで　えっさっさ

●解説

郵便屋さんになるシンプルなわらべうたで、子どもたちはすぐに覚えてしまいます。

道具を使った役を交代するあそびですが、小さい子どもでも十分に楽しめます。ハガキ、封筒、郵便バッグなど、何でもよいので郵便に関するものを用意します。郵便屋さん役の子どもに「お手紙を届けるお仕事」であることを伝えると、うたに合わせて、格好よく歩きます。

普段、手紙やハガキのやりとりをしない子どもも、年賀状のやりとりのあった後のお正月明けに、郵便ごっこをしてあそびます。保育現場のようにたくさんの子どもがいる場合、切手やハガキを売る仕事、ポストから郵便物を回収して仕分けする仕事、そして配達する仕事などを分担します。このようなあそびが展開される時に、このうたをうたうと、さらに盛り上がります。

P.146

No. 44

ほたるこい（1）

No. 85 参照

ほたる　こい
やまみち　こい
あんどの　ひかりを
ちょいとみて　こい

●解説

夏の素敵な夜の風景が想像できるうたです。田んぼのあぜ道をホタルを呼びながら歩く姿をイメージして、布などを行灯《あんどん》に見立てて歩いて、役を交代してあそびます。小さい子どもの場合は、ただリズムに合わせて歩くだけでも楽しめます（No.85）。

もし用意できるのであれば、本物の行灯や提灯《ちょうちん》を持っても、雰囲気が出てよいかもしれません。うっすらとした光を頼りに暗い夜道を歩くなど、現代にはあまり体験できないことです。明かりがポツンポツンと連なっている様子はホタルが光って飛んでいるようですね。

また、たき火の時も、火の粉が空へ舞い上がる様を見ながら、ホタルが飛びかっているかのように想像して、うたうこともあります。

No. 45

P.146

ずくぼんじょ

ずくぼんじょ　ずくぼんじょ
ずっきん　かぶって
でてこらさい

●解説

春先になり、土の中から顔を出すつくしに呼びかけるわらべうたです。

子どもたちはつくしになりきって歩きます。簡単なしぐさを伴って役を交代するあそびなので、小さい子どもでも十分に楽しめます。つくしのように「ずっきん（頭巾）」を友だちにかぶせてあげるように交代します。

繰り返し体験することで、拍に合わせて歩く、心の中で鼓動を感じる力をつけていきます。「うたに合わせて、きれいに歩けたね」という声をかけることで、歩きの質も高まっていきます。

季節的にも発達課題的にも、４月頃にうたってあそぶのがぴったりではないでしょうか。

No. 46

P.147

まいまい

まいまい　つの　だせ
やり　だせ　あたま　だせ
にても　やいても　くわれんぞ

●解説

マイマイはカタツムリのことを指します。その姿の通り「巻き巻き」から来たという説と、うろうろする様の「舞ひ舞ひ」から来た説があるそうです。

カタツムリのつのを指でつくり、頭の上に立て、うたに合わせて振る子どものしぐさはとてもかわいらしく、まさに舞っているようでもあります。

輪になり、鬼は中に入り、みんなの前を歩いていき、うたの終わりで近くにいる人と役交代します。しぐさをしながら歩くのは難しいですが、繰り返しあそぶうちに、心の中で鼓動や拍が自然に刻まれるようになり、上手になっていきます。

No. 47

P.147

きーりす ちょん

きーりす　ちょん
こどもに　とられて
あほらし　ちょん

●解説

キリギリスになって野原を跳んでいる気持ちでうたいます。周りで輪になっている子どもたちを広い野原、真ん中で跳び回る鬼がキリギリスという役の設定です。

子どもたちは、高くピョンピョンと跳ぶことがとても楽しく、気持ちがいいみたいで、その姿を見るだけで、こちらもすがすがしい気持ちになります。

うたのリズムに合わせて跳ぶのは、初めは難しいかもしれませんが、小さい頃は、リズムに合っていなくても大丈夫です。気持ちよく、楽しく跳ぶことを重視しましょう。

大きくなるにつれて、「うたに合わせてきれいに跳べている」ことを認める言葉をかけながら、意識できるようにしていくといいでしょう。

No. 48

P.147

おひさん おひさん

おひさん　おひさん
そっち　ばかり　てらんと
こっちも　ちっと　てってんか
かわらの　やけいし　みんみんとう

●解説

「おひさん」とは「お日様」のことです。お日様に向かって呼びかける、甲ら干しのうたともいわれています。

輪の中に入った子どもはお日様の役で、赤っぽい布などをお日様に見立てて、日を照らして回ります。布を持って一人で真ん中に立つことは、大きな喜びです。周りの子どもは、お日様に手をかざすしぐさで、自分の方に向いてくれる（自分の番が来る）よう願いを込めて待っています。

このように、みんなから注目される役を演じたり、一人だけでうたったりする体験は、自立の一歩を育てるよい機会でもあります。

No. 49

P.147

とんび とんび ひょろひょろ

とんび　とんび　ひょろひょろ
あしたの　てんきは
かぜが　ふく

●解説

風に舞うとんびが想像できるわらべうたです。子どもたちは、手を翼に見立てて、とんびになって飛び回ります。

ハトやカラスと違い、とんびは風にのって飛ぶので、羽ばたきません。翼をまっすぐ伸ばして風を受けとめる姿をイメージします。

短く覚えやすいうたなので、小さい子どもはとんびを演じて歩くだけでも喜びます。

とんびの役を二人にすれば、とんびが空を回って飛ぶイメージを手をつないで表現することもできます。

大きくなれば、とんびがどんどんつながりながら、増えていくあそびも楽しめます。

No. 50

P.148

ちゅーりっぷ しゃーりっぷ

ちゅーりっぷ　しゃーりっぷ
おんりき　りきりき　あっぷっぷ
○○さん　おはいり
はい　ありがとう

●解説

輪になって回り、「おはいり」「ありがとう」と、役を交代していくあそびです。「○○さん（ちゃん）」と名前を呼び合うので、新年度など、新しい友だちの名前を覚える時期に、楽しくとり入れることができます。

このわらべうたの本来のルールとしては、「○○さんおはいり」は鬼が一人でうたい、「はい ありがとう」は名前を呼ばれた子どもが一人でうたうことになっています。

しかし、一人でうたうのが恥ずかしかったり、発達段階的に難しかったりする場合には、どちらもみんなでうたいます。子どもの状況を見ながら、ルールを柔軟に変えてあそびましょう。

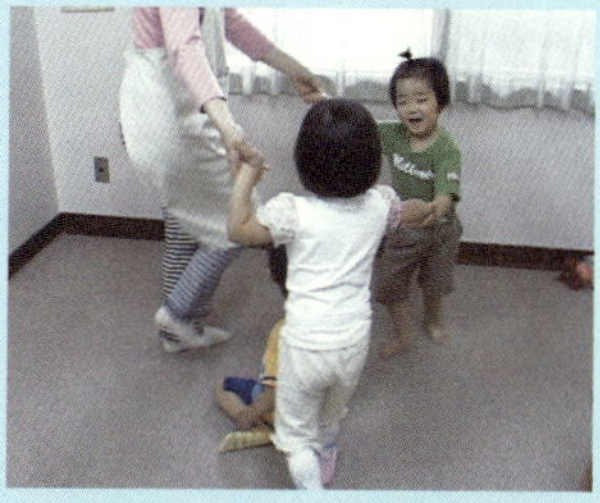

No.51

P.137

おちゃをのみに（2）

No.13 参照

おちゃを　のみに　きてください
はい　こんにちは
いろいろ　おせわになりました
はい　さようなら

●解説

小さい頃から親しんできたうたです。しぐさあそび（No.13）をたっぷり楽しんだら、役交代あそびで楽しみます。

「はい こんにちは」で友だちの手をとり、「いろいろおせわになりました」で内と外が入れ替わります。この時、内と外がうまく入れ替わるには、1周ではなく1周半回る必要があります。1周半回転するためには、少し大またでテンポよく回転しなければ、うたに合わせて役交代できません。大きい子どもが小さい子どもをリードする場面がたくさん見られます。

テンポに合わせて上手にできなくても、繰り返しあそぶ中でできるようになります。

No. 52

P.148

おつきさん こんばんは

おつきさん　こんばんは
おはいり　じゃんけんぽん
まけたら　でなさい　おつきさん

●解説

お月様が美しい十五夜に合わせてうたいます。

お月様の役をした子どもが、自分の前へ来て「こんばんは」と挨拶し、目と目を合わせ、手をとり合って役を交代します。ちょっぴり照れくさく、でもうれしい気持ちになる場面で、大人から見ていても、子ども同士の関係性、親しみを実感できるあそびだといえます。

交代の時、じゃんけんに勝てないと、ずっと鬼を続けることになります。いつまで続くんだろうと、笑いながら、ドキドキしながら、子どもたちは楽しみます。

縄跳びうたとしても遊べます。二人組をつくり、まず初めに一人が「おつきさん」で回っている縄に入り、次にもう一人が「おはいり」で入ります。二人で向かい合わせで跳びながら、じゃんけんをします。負けた方が縄から出ます。

No. 53

いしのなかの

P.148

いしの　なかの　かじやさん
いし　ついで　くうなんせ

●解説

「かじやさん」というように、鍛冶屋をイメージしてあそびます。

うたに合わせて、道具を打ち鳴らすことで、いろいろな音を楽しみます。石、竹（こきりこ）、お手玉、鈴などを用意して、鍛冶屋さんの役を交代します。

道具を叩く行為があることで、うたの鼓動を体で感じながら表現することができます。

いろいろな道具を用意することで、自分で選択することを楽しみます。また、ゆずり合う経験を重ねることにもつながります。

No. 54

P.148

もぐらどんの

もぐらどんの　おやどかね
つちごろり　まいった　ほい
もぐらさん　もぐらさん
あさですよ　おきなさい
はーい

●解説

むっくりと起き上がるもぐらを、子どもたちはとても気持ちよさそうに演じます。朝の素敵な目覚めを連想させてくれるあそびです。

うたが終わったところで、もぐらさんに朝を告げると、「はーい」と元気に起きて、好きな人と交代するというルールです。簡単な役交代なので、小さい子どもの集団でも楽しめるあそびです。

もぐら役の子どもが 1 名から数名、輪の中にすわり、眠るしぐさをとります。輪をつくって周りにいる子どもは、「もぐらどんの おやどかね」で、右に歩きます。そして、「つちごろり～」で、真ん中にいるもぐらさんに向かって歩きます。輪が中心に向かってぎゅーっとなる瞬間、みんなの顔がどんどん近づいてくるところが楽しい時です。

No. 55

P.149

うちのうらの

うちの　うらの　くろねこが
おしろい　つけて　べにつけて
ひとに　みられて　ちょいとかくす

●解説

猫の手の動きや、おしろいをつけたり口紅をつけたりする行為など、特徴的なかわいらしいしぐさを、軽快なうたに合わせて楽しむあそびです。

大きい子どもの場合は、輪になってうたに合わせて歩きながらしぐさをつけて、役を交代するあそびができます。テンポのよいうたなので、繰り返しうたって歩きます。

歩きとしぐさを同時にすることが難しい小さい子どもの場合には、歩かずに、しぐさであそぶだけでも楽しめます。うたのリズムに合わせてメリハリのある動きをしてくれるでしょう。

しぐさを繰り返し楽しめるようになった頃に歩きが加わると、より楽しめます。

No. 56

P.149

じゅうごやの　おつきさんな

じゅうごやの　おつきさんな　まつのかげ
まつから　さされて　ささのかげ　ささ　よーい
あずき　ささ　めささ
とったが　りっかん　しょ

●解説

満月のように、丸い輪になってあそぶわらべうたです。ゆったりとした落ち着いたうたは、秋の夜を連想させてくれます。子どもたちも、そのテンポに合わせて、輪を崩すことなくきれいに歩いてくれます。

あそびのルールはとても簡単です。鬼決めのようにお友だちの頭を触って役を交代しますが、拍に合わせた動きは、大きい子どもでないと難しいです。小さい子どもは、真似しながらもぎこちなく、その姿もまた、とてもかわいらしく感じられます。

「ささ よーい」のところがフェルマータになっており､その後「あずき さっさ」と軽快になるところもおもしろいです。

No. 57

P.149

たけのこ いっぽん

たけのこ　いっぽん　ちょうだいな
まだ　めが　でないよ
たけのこ　にほん　ちょうだいな
まだ　めが　でないよ
たけのこ　さんぼん　ちょうだいな
もう　めが　でたよ
うしろのほうから　ぬいとくれ

●解説

鬼が、たけのこの節のようにつながっている子どもたちの列を引っぱって引き抜く、力比べのあそびです。離れないように団結するので、とても盛り上がります。

うたは鬼と問答になっています。「たけのこ いっぽん ちょうだいな」「にほん〜」「さんぼん〜」と鬼が問うのに合わせて、子どもが列に加わり、つながっていきます。全員がつながったら、「もうめがでたよ」と言い、「うしろのほうから」抜くように答えます。

たけのこ役になっている子どもたちは、引き抜かれないよう、一生懸命、前の子どもの腰にしっかりつかまってがんばります。それでも途中で手を離してしまった子どもが、次の鬼となります。

力いっぱい踏ん張ることはとても大事な体験です。大きい子どもになれば、力を入れてつながって列をつくるので、なかなか切れなくなるでしょう。

No. 58

P.150

からす かずのこ

からす　かずのこ　にしんのこ
おしりを　ねらって　かっぱのこ

●解説

うたに合わせておしりを叩くユーモラスなあそびです。おしりをねらわれる緊張感を楽しみます。普段はダメな「叩く」行為も、このあそびでは許されます。もちろん、力いっぱい叩くのではなく、友だちの肩に手を置いて、愛情を込めてやさしく叩きます。

小さい子どもは、自由に歩きながら楽しみ、大きくなれば輪になってあそびます。最初の鬼をかっぱの親分として、「叩かれたら、子分になってついていく」と伝えると子どもは理解しやすいでしょう。外の輪は徐々に大きくなり、内側の輪までの距離も遠くなります。おしりを叩くまでの歩数も増えるので、うたに合わせるために調節能力が求められます。

No. 59

P.150

ほうずき ばあさん

ほうずき　ばあさん　ほうずき　おくれ
まだ　めが　でないよ
ほうずき　ばあさん　ほうずき　おくれ
もう　めが　でたよ
はじから　どんどん　ぬいとくれ

●解説

　わらべうたあそびには、いろいろな役があります。その多くが一つか二つですが、このうたは珍しく３つの役が登場します。ほうずきを育てるおばあさんと、ほうずきをもらいにくる人と、芽が出てくるほうずきの役です。うたい合って問答することを楽しめます。

　「ほうずきおくれ」という呼びかけに、ほうずきたちが「まだだよ」とうたって返します。「めがでた」ら、おばあさんが「ぬいとくれ」と答えて、ほうずきは引き抜かれます。そうしたやりとりの間、ほうずきばあさんは水をやって、ほうずきを育てます。

　子どもたちは、ほうずきの姿を、体全体で表現します。芽が出ていない状態を、頭を手で押さえ小さくなることで表し、芽が出る時には腕を大きく伸ばします。そうやって、次に抜かれるのは自分かな、とワクワクしながら待ちます。

No.60

P.150

ぎおんの よざくら

ぎおんの　よざくら　ちょっと　さいた
ぎおんの　よざくら　ぱっと　さいた
ぎおんの　よざくら　ぐっと　さいた
じゃんけんぽん

●解説

桜がきれいに咲く頃にうたってあそびます。桜の花は子どもたちのほとんどが認識しているので、なじみやすいうたです。

うたに合わせて手を桜に見立て、最後にじゃんけんぽんで締めくくります。

言葉としぐさの内容が合っているので、子どもたちもイメージしやすく覚えやすいうたです。小さい子どもであれば、しぐさのやりとりだけでも、十分に楽しめます。

できれば、「ちょっと さいた」のところは小さい声、そして「ぱっと さいた」から「ぐっと さいた」のところにいくにつれて、声を大きくしていくようにうたうと、花がだんだん咲いていく様子を表現することができます。

No. 61

P.151

やなぎの したには

やなぎの　したには
おばけが　う　う
おばけの　あとから
おけやさんが　おけ　おけ
おけやさんの　あとから
おまわりさんが　えっへん　ぷ
おまわりさんの　あとから
いたずらぼうずが　じゃんけんぽん

●解説

　最後のじゃんけんに向かうまでに、手合わせとしぐさを楽しむうたです。おばけ、おけ屋さん、おまわりさん、いたずらぼうずと、次々と登場人物が出てきます。ストーリーに脈絡はありませんが、しぐさにバラエティがあり、子どもたちの興味をくすぐります。

　言葉のかけ合いとリズムが楽しいことから、ついつい早くなったり、メロディがなくなることがあります。美しいメロディを崩さずにうたうことを心掛けましょう。

No. 62

P.151

あのね おしょうさんがね

あのね　おしょうさんがね
くらい　ほんどうでね
なむちん　かむちん
あら　おかしわね
いちりと　らんらん
らっきょ　くって　しっしっ
しんぐりがえって　きゃっきゃっ
きゃべつで　ほい

●解説

二人で手を合わせて、しぐさを交わす、じゃんけんあそびのうたです。

「ね」のところで手を合わせるのがポイントのうたで、二人の息が合い、リズムよくできた時には、大きな達成感を味わうことができます。合掌のようなしぐさをする「なむちん かむちん」のところが、子どもたちは大好きです。

うたいやすく、間のしぐさも簡単ですので、小さい頃はしぐさを真似て親しみますが、大きくなるにつれて、息の合った手合わせができるようになります。時には、大きな友だちが小さい子どもを導きながらあそぶ姿も見られるでしょう。

「らんらん」→「らっきょ くって しっしっ」→「しんぐりがえって きゃっきゃっ」と、しりとりになっているところもおもしろいうたです。

No. 63

P.144

どっち どっち（2）

No. 37 参照

どっち　どっち　えべすさん
えべすさんに　きいたら　わかる

●解説

このわらべうたは、鬼決めのうたとしてうたわれることが多いのですが(No.37)、何かを手の中に隠してどっちに入っているかをあてるなどのあそびとしてもうたわれます。

小さい子どもの場合、単純な動きでも、あてっこのあそびは展開できます。

どこに隠れているのか、どっちの手にあるのか、恵比寿様だけが知っているので聞いてみよう、聞いたらきっとわかるだろうという思いが込められています。

No. 64

P.152

たまりや たまりや（1）

No. 98 参照

たまりや　たまりや　おったまり
そりゃ　ぬけろや　ぬけろや
ねずみさん

●解説

「ねずみさん」が「ぬける」というイメージで、小さいものがちょろちょろと動くあそびでうたわれます。

テンポのよい短いうたなので、子どもたちはすぐに覚えられます。小さい頃から、リズムにのったあそびとして親しんでいきます。大きくなれば、輪になって歩くあそびを展開しますが(No.98)、その前にもいろいろなアレンジがあります。その一つに、小さなものをねずみに見立てていくつかのカップの中を行ったり来たりと移し変えてねずみがどこに隠れているのかあてっこするあそびがあります。

ゲーム感覚のルールが理解できる子どもがいると、少人数で一緒にあそべます。注目する力が養われるでしょう。

No. 65

P.152

ぶーぶーぶー

ぶーぶーぶー
たしかに　きこえる　ぶたの　こえ
ぶーぶーぶー

●解説

目隠しをして、誰の声かをあてるあそびです。

子どもたちは、声をあてるわらべうたあそびが大好きです。生活とあそびを共にする仲間の声をしっかりと覚えています。

このわらべうたは、目隠しをした鬼の後ろに立った子どもが、ぶたなどの動物の鳴き声を真似て、鬼はそれが誰なのかをあてるあそびです。鳴き声を出す側の子どもも、わからないように声色を変えますが、すぐに見破られてしまいます。

小さい頃は、動物の鳴き声を演じたり、声をあてるということだけが楽しみですが、大きい子どもの場合、「ぶーぶーぶー」とメロディを意識して、鳴くことができます。

うたは短く、フレーズも簡単なので、すぐにうたえるようになります。

No. 66

P.152

あめ こんこん

あめ　こんこん　ふるなよ
やまの　とりが　なくぞよ

●解説

目隠しをして、誰の声かをあてるあそびです。

声をあてるわらべうたは、子どもの感性がとてもするどいことを気づかせてくれます。友だちの声はちゃんと聞き分けることができ、大人以上に子どもの耳は研ぎ澄まされています。耳をすまして集中して聞く体験は、耳を育ててくれるでしょう。

最後の鳴き声の鳥の種類は決まっていないので、どの鳥の鳴き声にするか、その子どもが自由に考えることができます。そこが、このわらべうたのよいところでもあります。「何にしようかな？」「この鳥にしよう」と自己決定する力が育ちます。

いろいろな鳥の鳴き声を知っていると、よりあそびを楽しめますので、環境認識の力が問われます。

No. 67

P.152

りょうしさん

りょうしさん　りょうしさん
きょうの　えものは　なんだろな
どかん

●解説

目隠しをして、誰の声かをあてるあそびです。

声をあてるわらべうたの多くが、鬼の後ろの子どもが声を出すルールです。しかし、このうたの場合、目隠しをした鬼が、「どかん」と鉄砲を打って指さした方向の子が声を出すというルールになっているのが特徴的です。

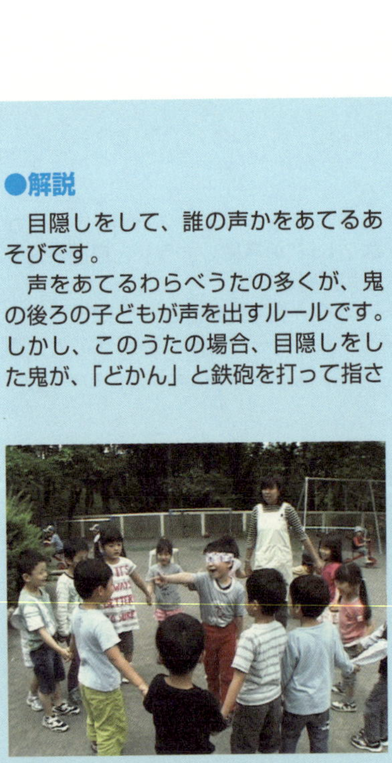

鬼が、必ずしも正面を指さすとは決まっていません。いつ「どかん」とやられるかわからないので、輪になって回りながら、ドキドキしながら待つことになります。

動物の鳴き声なら何でもよいので、無数にいる生き物の中から、自分で自由に考えて決めることができます。

いろいろな生き物とその鳴き声の知識、その声色を上手に真似る発声感覚が求められます。

No. 68

P.153

かくれかご とかご

かくれかご　とかご
とになって　かくれろ

●解説

隠れている子どもが誰かをあてるあそびです。

子どもたちは、人垣をつくって真ん中に友だちを隠します。鬼は、いろいろな角度から覗いて、誰が隠れているか見つけようとします。対する子どもたちは、隙間がなくなるように間を詰めます。

鬼は、脚の隙間から少しだけ見える人影で判断します。もしくは、人垣の顔ぶれを見て、誰がいないかを推測します。観察力と記憶力と思考力が求められる高度なあそびです。

大きい子どもであれば、鬼役をこなすことはできますが、小さい子どもの場合、中に隠れる役をするだけでも、一緒に楽しめます。

子どもは「隠れる」ことが大好きで、鬼役よりも、隠れてあてられる役をやりたがる子どもが多いぐらいです。

ぬいぐるみや人形があれば、少しの時間と空間で楽しむことができるあそびです。

No.69

P.153

おしょうがつ どこまできた

おしょうがつ　どこまできた
くりこまやまの　かげまできた
ぜにこさんもん　あげたはんだ
だれも　とりませんか
だれも　とりませんちゃ
はてな　かんがえろ　かんがえろ

●解説

背中ごしに、手から手へ物を回し、うたの最後「はてな かんがえろ」で、誰の手でとまったかをあてるあそびです。

このあそびを楽しむには、背中で上手に手渡し、動きや目線でどこにあるのか見つからないように内緒にすることが大切です。

大きな子どもの場合、輪の大きさ、人の数、うたのタイミングなどから、どこで隠し終わるのかなど予想できるようになります。小さい子どもは、ルールを守ることが楽しさにつながることを体験できます。

隠したものが、自分のところに来た時の喜びはひとしおです。子どもたちは、できれば自分のところで隠したい、見つからないように何食わぬ顔をしたいと願います。しかし、うたに合わせて、次々と回っていってしまうのが、このあそびのおもしろいところです。隠すものや方法を、様々に工夫して楽しめるあそびです。

No. 70

P.153

ちんちろりん

ちんちろりん　ちんちろりん
かたさせ　すそさせ　さむさが　くるぞ
ちんちろりん　ちんちろりん

●解説

秋に美しく鳴く虫に呼びかけながら、隠した鈴の場所をあててあそびます。

手におさまる小さな鈴を回して、最後の「ちんちろりん」で、鈴を持った人が音を出します。目隠しをしていた鬼は、聞こえる音の方向をたよりに、誰が鈴を持っているかあてます。

子どもたちは、隣へ回す際、音を出さないようにそっと手渡していきます。誰もが最後のもらい手となって音を出したいのですが、無理にとめようとはしません。みんなでルールを守るから楽しいということを知っているからです。

大きくなれば、カノン（輪唱）として楽しむこともできます。お互いの声を聞きながらうたう体験は、耳を育てるとともに、共同でうたう楽しさと喜び、合唱の心地よさを感じることもできます。

No. 71

P.154

おてぶし てぶし

おてぶし　てぶし
てぶしの　なかに
へびの　なまやけ
かえるの　さしみ
いちょうばこ　やるから
まるめて　おくれ
いや　どっちだ（だれだ）

●解説

うたの中に「蛇の生焼け」や「かえるの刺身」などと、ゲテモノが出てくるところが人気のわらべうたです。

小さい子どもの場合、二人組になって「どっちの手に入っているか」と、手の中に小さなものを隠して、あてるあそびでも楽しめます。

大きい子どもの集団の場合、声の大小をうたい分けるルールのあるあそびがあります。

手の中に宝物を持つ人をあらかじめ決めて、輪の中を鬼が自由に歩きます。隠されたものに近づいたらうたい声を大きくして、離れれば音量を下げます。

鬼は、そのうたい分けに耳をすまして、どこに隠されているかを推測します。音の大小に合わせて歩くスピードを調整したり、注意して聞くなど、集中力が求められるあそびです。

No. 72

P.154

よもぎ しょうぶの

よもぎ　しょうぶの　しりたたき

●解説

端午の節句にちなんだうたで、鬼ごっこであそびます。鬼はよもぎとしょうぶを束ねて持って追いかけ、誰かのおしりを叩けば交代です。よもぎやしょうぶがない時は、紙をまるめてつくったり、他のもので代用できます。

子どもにとっては、走って追いかける行為と、しょうぶで叩く行為を同時にするのは難しいようで、なかなかつかまりません。そこが楽しいところでもありますが、子どもの発達に応じてルールを変えたり、鬼の数を増やしたりするとよいでしょう。

昔話「くわず にょうぼう」では、よもぎとしょうぶがたくさん生えているところで、おにばなが死ぬという結末を迎えます。しょうぶは刀となり、よもぎは汁でおにばなをとかしてしまうというお話にあるように、よもぎとしょうぶは魔除けになるという言い伝えがあります。

No. 73

P.154

ねこが ごふくやに

ねこが　ごふくやに
たび　かいござる
たびは　なんもん　なんのいろ
にゃにゃもんはんの　ねずみいろ

●解説

呉服屋に猫が足袋を買いに来て、足袋の大きさが何文か、色は何の色がよいか聞かれ「七文半(にゃにゃもんはん)の鼠色（ねずみいろ)」と答えるユーモアたっぷりのうたです。

このうたは、鬼ごっこのあそびでうたわれます。鬼が「ねずみいろ」と言ったら、全員が逃げるというのが基本的なルールになります。

ただし､「ねずみいろ」のところを「あかいろ」とか「みどりいろ」などのように、鬼が選ぶこともできます。その場合、着ている服に言われた色が入っている人は、つかまえられてしまいます。聞いた色を自分の服にあるかどうかをすぐに判断して、もしあれば逃げるという俊敏な動きが求められます。

No. 74

P.155

やまの やまの

やまの　やまの　おっこんさん
あそびに　いかないかい？　いま　ねむった
あんまり　あんまり　ねぼうだね
やまの　やまの　おっこんさん
あそびに　いかないかい？　いま　ままくった
あんまり　あんまり　おかかだね
やまの　やまの　おっこんさん
あそびに　いかないかい？　いま　べにつけた
あんまり　あんまり　おしゃれだね
やまの　やまの　おっこんさん
あそびに　いかないかい？　いま　いくところ

●解説

「おっこんさん」はきつねのこと、山のきつねをあそびに誘ううたです。誘う子どもときつねが問答して、「いま いくところ」を合図に、鬼ごっこが始まります。

「あんまり あんまり ～だね」とはやしたてるところは、子どもたちが大好きなところです。「まだ～～」と断られながらも、最後の「いま いくところ」（鬼ごっこの始まり）が近づいてくるワクワク感があります。

No. 75

P.155

あずき あずき

あずき　あずき
ひとつ　たべてみたら
まだ　にえとらん
もひとつ　たべてみたら
もう　にえとった
おばさんの　とけいは　なんじ？　○○○
きょうの　おかずは　なあに？　○○○
おばさんの　なまえは　なあに？　おに

●解説

鬼役との問答がある鬼ごっこのあそびです。子どもからの質問に対して、鬼が自由に答えられるのが、このうたの楽しいところです。

時間は何時か答えるところ、おかずの名前をいろいろと想像して答えるところは、幼児ならではの知的好奇心をくすぐります。質問をする子どもたちも、いつ追いかけられるかわかっていて、ドキドキしながら聞いています。

最後に名前を聞いて、「おに」と答えた瞬間、子どもたちは一気に散らばります。

No. 76

P.156

たなばた たなばたさん

たなばた　たなばたさん
しずかに　わたって
こがねの　ゆび
おにの　しらぬまに
ちょいと　かくせ
いいわよ

●解説

七夕の季節に楽しむわらべうたの一つで、いわゆる「ハンカチ落とし」のあそびで、子どもたちは大好きです。

輪になっている時には、自分の後ろに置かれないかをドキドキしながら待ち、鬼になった時には、気づかれないように後ろにこっそりハンカチを置こう、そしてつかまらないように逃げようとワクワクした気持ちでいます。そして、追いかける時には「つかまえたい」、追いかけられる時には「逃げきりたい」という気持ちでいっぱいです。いろんな気持ちがぶつかるわらべうたで、いつも白熱して盛り上がります。

「鬼の知らぬ間に、ちょいと隠せ」という歌詞に、いたずら心を感じます。

No. 77

P.156

てんやの おもち

てんやの　おもち
やらかい　おもち
あんこ　ちょいと　ふんで
しかられた

●解説

基本的にはNo.76のようなハンカチ落としに似たあそびですが、ハンカチを置くかわりに、子どもの肩を叩いて、走って逃げます。

このあそびのおもしろいところは、輪になっている子どもにも役割があるということです。隣の人と手合わせをして、おもちをつくしぐさをします。この手合わせは、全員が同じ方向に手を動かさないと成功しません。自分の手、右隣の人の手というように繰り返していきます。

うたや手合わせに気をとられていると、後ろに鬼が来ていることや、肩を叩かれてもすぐに気がつきません。ハッと気づき、追いかけた時には逃げられてしまうというのがほとんどです。

このように、子どもの発達段階（注意力と集中力）にぴったりと合っているからこそ、絶妙の楽しさを生み、あそび継がれてきたのでしょう。

No. 78

P.156

いっせん どうかは

いっせん　どうかは　おもたいな
てくてく　くらべの　おうげさよ
きゅう　とん

●解説

門をくぐってあそぶわらべうたです。二人一組になって、うたに合わせて歩き、門をくぐっていきます。「きゅう とん」で門が降ろされ、かかってしまった子ども二人が、後ろに門を重ねていきます。

子どもがかかる度に門が増えていきますので、長いトンネルのようになっていきます。最後の二人が門にかかるまで続けます。

子どもたちは、門にかからないように急ぎ足で抜けようとしますので、うたのリズムに合わせて歩くことや、歩きのリズムを一定にするように伝えてあげます。そうしないとずっと門にかからないまま続けることになってしまいます。ただし、少々の急ぎ足になるというのは、子どもがあそびに入り込んでいる証拠でもあります。あまり厳しくせずに楽しむのがよいでしょう。

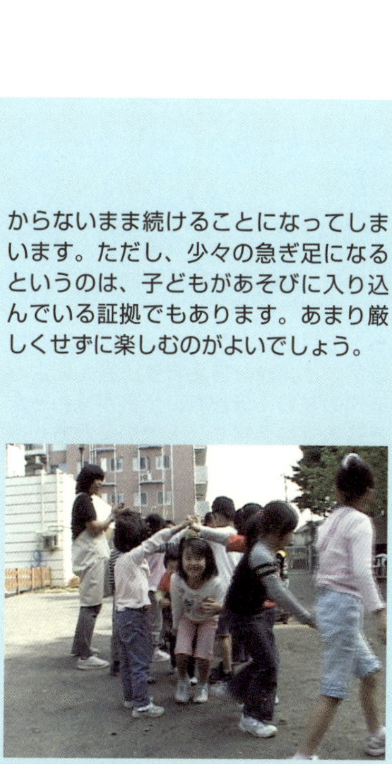

No. 79

P.157

ひや ふやの

ひや　ふやの　やまみちを
とって　あるくは　はなこさん
やまの　どては　くずれた
あかおに　さんびき　にげだした
はやく　にげろや　はなこさん

●解説

門になった二人は、あらかじめ二つの選択肢を決めます（例えば、好きな果物で「りんご」か「みかん」など）。二人組で門をくぐっていき、かかったら、それぞれが門番から「どっちが好き？」と聞かれ答えます。答えによって門の左右に分かれ、全員が終わったところで数えます。人数の多い方が勝ちとなります。

聞く方も答える方も声が漏れないようにするのが大事です。内容は門にかかるまでわかりません。内緒話を打ち明けられるのを楽しみに待つのです。

最初の門役には大きい子どもがいいでしょう。ルールを守ろうとする姿やリーダーシップなど、いろいろな力が要求されます。

No. 80

P.157

うぐいすの

うぐいすの　たにわたり
うめに　うぐいす
ほ　ほけきょ

●解説

春先に、散歩でうぐいすに出会った時にこのうたをうたうことがあります。うぐいすの「ほーほけきょ」がはっきり聞こえると、子どもはとても感動しますが、その後に、このうたであそぶとさらに楽しくなるでしょう。

門をくぐるあそびの一つで、No.79「ひや ふやの」のように、門の左右に分けられ、人数が多い方が勝ちというルールです。

その後も勝負を続けることができます。映像では、No.95 のうたで「綱引きをして、ちぎれなかったチームを勝ちとしています。人数が多く列が長いと、逆にちぎれてしまうことがあります。人数が少ない方にとっては、敗者復活のチャンスとなります。

No. 81

P.137

まめっちょ まめっちょ（2）

No. 14 参照

まめっちょ　まめっちょ
いったまめ　ぼりぼり
いんねまめ　なまぐせ
すずめらも　まわっから
おれらも　まわりましょ

●解説

軽快なうたに合わせて門をくぐってあそぶうたです（小さい頃は No.14）。

門をくぐり、「まわりましょ」でかかった子どもが門番を交代するというのが基本的なルールです。

大きい子どもが多い時には、子どもを「炒った豆」か「炒ってない豆」かに分けるプロセスも加わります。

他のみんなからは見えないところで、門役の子はじゃんけんをして、勝った子が「炒った豆」、負けた子が「炒ってない豆」となります。門にかかった子どもは好きな方の門の後ろについて、うたが終わってからどちらの豆かが判明します。「炒った豆」の子どもがフライパンになって、「炒ってない豆」の子どもを囲んで、再びうたうのですが、最後まで自分がどっちかはわかりません。

人数を数えるなど、数の意識にもつながります。小さい子どもがいる場合、数えられなくても、一緒に跳ねるだけで楽しい気持ちになれるでしょう。

No. 82

P.158

ゆすらん かすらん

ゆすらん　かすらん
たかいやま　こえて
ひくいやま　こえて
あっぱっぱっ

●解説

門をくぐるあそびの中でも、門役が動くところが珍しいわらべうたです。布や紐を持って門をつくると、くぐりやすくなります。慣れないうちは、ルールをシンプルにして、「紐を跳び越えて役交代」とするのがよいでしょう。

慣れてきた頃に、問答をつけて、子どもが選べるようにするとさらに楽しめるでしょう。門にかかった子どもに「高い山がいいか、低い山がいいか」を聞き、「高い山」と答えたら門を上げ、下をくぐってもらいます。「低い山」と答えたら、門を下げて、上を跳び越えてもらいます。

二人で話し合って答えを一つに決めるというプロセスも大切な体験の一つです。

No. 83

P.158

げろげろ がっせん

げろげろ　がっせん　ごめんやす
あとから　よいどが　ぼってくる
もんを　しめた
なんもんで　とおす？
さんもんで　とおす
もうちっと　おまけ
おまけは　ならぬ
じゃんけんぽん

●解説

　門くぐりのあそびの中でも、問答もじゃんけんもある高度なあそびです。「なんもんで とおす」の問答は、門にかかった二人と門役の二人だけでうたいます。子どもたちは少し緊張しますが、音程よくきれいにうたえた時は、誇らしげな表情をします。そういう時には、見逃さず評価してあげたいものです。

　じゃんけんに勝ったら交代するルールですので、ペアの構成も自然に変化していき、いろいろな組み合わせの門役が生まれる楽しさがあります。

No. 84

P.158

どんどんばし わたれ

どんどんばし　わたれ
さあ　わたれ
こんこが　でるぞ
さあ　わたれ

●解説

３歳児になると、平衡感覚が備わり、上手に歩いたり、走ったりできるようになります。その頃に、安定感のある大箱をつなげて橋をつくってうたうと、拍に合わせてその上を軽快に歩くことを楽しみます。

空間認知が備わったことがわかるあそびで、自分の前を歩く友だちとの距離を、ある程度あけて歩くことを意識できるように声掛けしていきます。

門をくぐるルールでも遊べます。二人組片手門で、くぐる方も二人組で手をつないで歩きます。門にかかった二人組が次の門になります。その交代がスムーズにうまくいくようになると、うたを毎回とめずに続けていくことができます。

また、二人組片手門は、一人が通れるくらいの幅で門をつくります。二人組でくぐる時、一人が先を行ったり、もう一人は相手にゆずったりと二人の関係性が見られます。

No.85

P.146

ほたるこい（2）

No.44 参照

ほたる　こい
やまみち　こい
あんどの　ひかりを
ちょいとみて　こい

●解説

ホタルに呼びかける時にうたううたです。No.44のように、役を交代してあそぶ時にうたうこともありますが、うたに合わせて歩くことを楽しむ場合にも、よくうたいます。

特に、子どもが小さな時は、思うままに自由な場所を歩くことが満足につながるでしょう。まずは拍を感じること、拍に合わせて歩くことを楽しむことを意識しましょう。

子どもの成長に合わせて、いろいろな歩く場面でうたうとよいでしょう。お祭りやお泊まり会など、実際に夜道を歩く時にもうたいます。

No. 86

P.159

たにこえ やまこえ

たにこえ　やまこえ　てっきょう　わたり
きてきを　ならして　きしゃ　はしる

●解説

特に小さい頃は、列になってつながりながら歩くことを喜びます。例えば、あそびの中で子ども同士つながって電車になって移動すると、とても盛り上がります。

歩調を合わせて移動できる距離もどんどん長くなります。周りとの協調性や意識を持続する力がついてきている証拠です。

３歳頃になると、仲間意識もかなり高まってくるので、子ども同士が誘い合ってうたい、あそぶことがあります。他の子どもたちがあそんでいる様子を見て、次から次に加わって、いつのまにか７～８人の長い電車になっていることも、見られるようになります。

No. 87

P.136

とんぼや とんぼ（2）

No. 11 参照

とんぼや　とんぼ
むぎわらとんぼ
しおからとんぼ
ひなたは　あつい
こちゃ　きて　とまれ

●解説

トンボに呼びかけるわらべうたですが（No.11）、リズムに合わせて歩きながらうたうこともあります。その時は、トンボの羽をイメージして、腕をまっすぐ横に伸ばして歩きます。

またクラスみんなでの行列歩きやうねり歩きなど、歩くことでうたの拍を感じたい時に適しています。

リズムよく軽快に歩けるうたなので、腕を上下に少し揺らしながら歩くのも楽しいでしょう。

両腕を上げると自然に背中も伸びます。姿勢正しく歩く運動にもなるうたあそびです。運動会の時の行進などに使います。

No. 88

P.159

うちけろ けけろ

うちけろ　けけろ
けろけろ　けけろ
おらうち　けけろ
けろけろ　けけろ

●解説

「うちへ かえろう」という意味のうたで、歩行のあそびにぴったりです。部屋へ帰る時など、一緒に口ずさみながら歩いたりもします。

うねり歩きをしてあそぶ時にもうたいますし、輪になって、フレーズごとに歩く方向を変えてあそぶこともあります。大人の手拍子などの合図で方向転換しても楽しいでしょう。

フレーズによって歩く方向が変わるというあそびは、音楽の変化を瞬時に友だちと共有して身体表現するという、とても高度なあそびといえます。音楽的な表現でありながら、同時に視覚にもうったえる身体表現でもあります。

No. 89

P.159

もどろう もどろう

もどろう　もどろう　もものは　もどろう
かえろう　かえろう　かきのは　かえろう

●解説

もどろうの「も」と、ももの葉の「も」、かえろうの「か」と、かきの葉の「か」が、韻を踏む言葉あそびのようになっているわらべうたです。

歩く方向が急に変わるのは、子どもたちにとって楽しい動きのようで、必ずといっていいほど笑いが起きます。

方向を変えて笑うことを繰り返すうちに、うたのどの部分で歩く方向が変わるのかがわかってきます。すると、より一層に笑うことを期待して歩き始めます。おもしろいことに、心の準備ができることで、身のこなしもスムーズになり、歩く姿や隊列が美しくなっていきます。

輪になって、8 拍ずつ中に向かって歩いたり、外に向かって歩いたりしても楽しくあそべます。

No. 90

P.159

いっぴき ちゅう

いっぴき　ちゅう
もとに　かえって　にひき　ちゅう
にひき　ちゅう
もとに　かえって　さんびき　ちゅう
さんびき　ちゅう
もとに　かえって　いっぴき　ちゅう
ちゅうちゅうちゅうちゅう

●解説

子どもたちが大好きなのが、うたの終わり、少し間をあけてから、「ちゅーちゅーちゅーちゅー…」と繰り返し言いながらみんなで後ろへ下がって輪を大きくする場面です。輪になって小さくなったり、大きくなったりするところは、みんなで踊りをしているようでもあります。

このうたは、ねずみ以外の鳴き声のうたにしても楽しめます。ねずみ以外に鳴く動物はどんなものがあるか、子どもたちからアイデアを出してもらいながら進めます。

いろいろな動物の名前や鳴き声を認識することにもつながり、何よりも、子どもたちの好奇心がかきたてられます。

No. 91

P.160

うちの せんだんのき

うちの　せんだんのき　せびがちいて　なくよ
どんどん　しゃんしゃん　どんしゃんしゃん
せびがちいて　なかんときゃ　びっきがちいて　なくよ
どんどん　しゃんしゃん　どんしゃんしゃん
うちの　くぐりどは　くぐりよか　ところ
どんどん　しゃんしゃん　どんしゃんしゃん
うちの　くぐりどは　くぐりにくか　ところ
どんどん　しゃんしゃん　どんしゃんしゃん

●解説

夏になると子どもたちはセミとりに夢中になります。大好きなセミ（せび）が出てくるわらべうたです。

セミの騒がしい声が「どんどん しゃんしゃん」とうたで表現され、より一層楽しい気分になります。

みんなで手をつないで歩く（回る）のは、簡単なようで案外と難しいものです。子どもたちは、どうしたらきれいに歩けるのか、みんなで考えて協力するでしょう。

「どんどん しゃんしゃん」のところを足踏みだけにすると、小さい子どもでも十分に楽しむことができます。

No. 92

P.160

でんでんむし

でんでんむし　でむし
でなかま　ぶちわろ

●解説

カタツムリの形から連想して、うたの拍を感じながら歩いてうずまきをつくってあそびます。

小さい子どもが美しい輪をつくるのは難しいので、先頭になる子どもは、大きい子どもにお願いするとよいでしょう。

手と手を離してしまうとできないことや、自分より前の子どもを抜かさないというルールを伝えておくと、子どもたちも意識して歩き、きれいな輪ができあがります。

輪のほどき方には種類があります。先頭の子どもが中心を起点にして逆回りに歩くやり方と、最後の人が先頭になって歩くやり方があります。また、中心にいる先頭の子どもが、抜ける方向に門をつくってもらい、くぐって交差しながらほどいていくやり方があります。

No. 93

P.160

つる つる

つる　つる
かぎに　なれ
さおに　なれ
たいころ　ばちの
ふたに　なれ

●解説

鶴が群れになって飛んでいく際の、いろいろな並び方のパターンをうたにしています。歩いてうずまきをつくってあそびます。

先頭の子どもが中へ中へと誘導して、うずまきが上手にできたら、トンネルになってもらう人を先頭の子が指名します。

先頭の子がうずまきをほどき終わり、再度、一つの輪に戻ったら、次に先頭だった子は、うずまきのしっぽにつき、左隣だった子が次の先頭になります。途切れることなくうたを繰り返して、あそべます。

No. 94

P.161

とんび とんび わをまわせ

とんび　とんび　わをまわせ
とんびは　しなのの　かねたたき
いちにち　たたいて　こめさんごう

●解説

外側と内側で二重の輪をつくって、それぞれが逆方向に歩きます。「いちにち　たたいて こめさんごう」のところで、中の輪の人が両手にお米を持って歩くイメージで、外の輪の人に渡して、交代します。

二重の輪をつくって歩くことの楽しさを満喫できるわらべうたです。ただし、逆方向に歩いたり、複数で役を交代したり、すぐに輪をつくりなおしたり、子どもにも高い力が要求されます。

米を渡す人を自由に探して選ぶところが楽しいようです。

No. 95

P.161

じごく ごくらく

じごく　ごくらく
えんまさんの　まえで
おきょうを　よんで
はりのやまへ　とんでけ

●解説

二人が向かい合わせで手をつないで、その中に子どもが一人入ります。うたに合わせて揺れて、「とんでけ」のところで隣の組に子どもを送っていくあそびです。

これを繰り返して、１周回って同じ３人組に戻った時、子どもたちは大喜びします。

うたう時、中の子どももリズムにのって、同じように揺れるとより楽しくなります。みんなでリズムを合わせるというのは、わらべうたあそびを楽しむ上で、とても大切な要素です。

No. 96

P.161

たんじ たんじ

たんじ　たんじ　たなばた
また　らいねん　ござれ

●解説

七夕の季節によくあそぶうたです。

手合わせの部分は、拍手、右手同士、拍手、左手同士を繰り返します。「またらいねん～」の握手の時、隣のペアと入れ替わりますが、輪や自分と相手の位置関係を崩さずに移動することを意識しないと、輪がバラバラになってしまいます。子どもが小さくて、あそびが続かない場合は、輪にこだわらず、握手の後、次のうたが始まるまでに、近くにいる子どもと自由にペアをつくるというルールにするといいでしょう。

あそびを繰り返して、最初にペアだった相手に再会できた時、子どもたちは抱きついて喜び合います。

No. 97

P.136

なべなべ（2）

No. 12 参照

なべなべ　そこぬけ
そこが　ぬけたら
かえりましょ

●解説

子どもたちが大好きなわらべうたです。向かい合って両手をつないだ輪を「なべ」に見立てて揺れ、最後に背中合わせにくるりとします（No.12）。

小さい頃から、このあそびに慣れ親しんでいる子どもは、うたと動きを体で覚えているので、集団あそびに発展させることができます。

みんなで輪をつくり、前後にひっくり返ってあそびます。途切れることなく１周して、元のペアに戻ったら大成功です。

このわらべうたは、子どもの気持ちがのってしまうあまり、「なべ　なべ～」のリズムを速くして、乱暴に揺らしてしまうことがあります。そんな時は、「鍋の料理がこぼれないようにね」と伝えると、自分の大好きな食べ物を想像して、丁寧に揺らしてくれます。

No. 98

P.152

たまりや たまりや (2)

No. 64 参照

たまりや　たまりや　おったまり
そりゃ　ぬけろや　ぬけろや
ねずみさん

●解説

テンポのよい短いうたなので、すぐに覚えられます。小さい頃から、いろいろなあそびで楽しみますが(No.64)、大きくなっても集団でうたいます。輪をつくったり、歩いたり、抜けたり、うたに合わせて、子ども自身が軽快に動きます。

内と外で輪が逆方向に歩いたり、縮んだり膨らんだり、抜けたり戻ったりと、様々な動きがあるため、最初は子どもたちも戸惑います。特に、後ろ向きに手の下をくぐるところが難しく、これを上手にできることが、このうたのポイントになります。

繰り返すうちに、子どもたちもできるようになっていき、みんなで同じ動きができた時には大喜びです。うたのリズムに合わせて、４歩で動きが変わることに子どもが気がつくと、スムーズにできるようになります。

No. 99

P.140

いちわの からすが（2）

No. 26 参照

いちわの　からすが　かあか
にわの　にわとり　こけこっこ
さんわの　さかなが　およぎだす
しは　しらがの　おじいさん
ほら　いちぬけろ　ほら　にぬけろ
ほら　さんぬけろ　ほら　しぬけろ
ほら　ごぬけろ　ほら　ろくぬけろ
ほら　しちぬけろ　ほら　はちぬけろ
ほら　くぬけろ　ほら　じゅうぬけろ

●解説

しぐさあそび（No.26）をたっぷり楽しんだら、みんなで気持ちを合わせて門をくぐり、再び輪に戻るという、難しいあそびにも挑戦しましょう。

最初に門役の子どもを決めます（以後、時計回りに門役が順番に変わる）。しぐさの後、門役の手が上がったら、正面のペアは、門に向かって歩きくぐります。この時、どのペアが門の正面かは、子どもたちが判断します。

大きい子どもだからこそできる判断で、輪を崩しながら、またきれいに元に戻すということも、ルールをしっかり理解していること、足並みを合わせて一緒に歩くことができることなど、高い力が求められます。達成感を十分に味わえるあそびです。

No. 100

P.161

たぬきさん たぬきさん

たぬきさん　たぬきさん
ひをひとつ　かしとくれ
あのやま　こえて
このたに　こえて
ひは　ここに　びこびこ

●解説

火種をもらいにひたむきに向かう姿や、あたたかな火が燃える情景は、心が休まるものです。わらべうたをうたいながら、各々の心に愛らしい情景が浮かぶように、やさしい気持ちでうたいましょう。

3歳くらいになると指先の分化が進みます。このわらべうたのように、手と目を協応させて、左右の手の指をフレーズごとに合わせていくあそびができるようになります。

4、5歳児になると、さらに指先を動かす力のコントロールが上手になり二人組で向き合って手を合わせ、相手の子の指と自分の指を、合わせていくこともできます。

No. 101

P.162

ちょっぱ ちょっぱ

ちょっぱ　ちょっぱ　ちょ　ちょっぱ
ぐりこ　ひらいて　ちょ　ちょっぱ

●解説

じゃんけんあそびのルーツはとても古く、世界中にはじゃんけんに関するたくさんのわらべうたが残されているそうです。地域や国によって拳の種類も違います。日本人であれば、やはりグー・チョキ・パーの３つですね。

このわらべうたは、じゃんけんの拳をつくってあそびます。

拍に合わせて指使いを変化させていくのは難しいことですが、何度も繰り返すうちに、上手になっていきます。できているかどうかの評価はせずに、繰り返し楽しみましょう。

子どもにとって、じゃんけんができるようになるということは、みそっかすではなく、堂々とあそびに加われる権利を獲得したような気がするのではないでしょうか。

No. 102

P.162

せんべ せんべ

せんべ　せんべ　やけた
どの　せんべ　やけた
この　せんべ　やけた

●解説

手のひらをせんべいに見立て、焼けたら食べるというしぐさを続けていくあそびです。

小さな車座になって、うたに合わせて一人ひとりの手を触っていき、「このせんべ やけた」にあたった手を返していきます。両面が焼けたら食べて引っ込め、両手共に焼けて食べてしまったら、その人は抜けます。全員が焼けるまで繰り返します。

初めのうちは大人がやってあげますが、ルールがわかってきたら、大きい子が親になり、手を触っていく役をやってもよいでしょう。

子ども同士の距離がとても近くなるあそびです。

No. 103

P.162

おもやの もちつき

おもやの　もちつき
いんきょの　もちつき
いっと　ついて　にと　ついて
てにつき　あしにつき
いや　ぽんぽん

●解説

もちつきのしぐさを楽しむあそびです。手のひらを「うす」、こぶしを「きね」に見立てて、息を合わせて、リズムよくもちをついていきます。

小さい子どもにとっては、手を合わせるだけでも難しく、リズムに合わせて手を合わせられないことも多いでしょうが、大きい子どもとペアになって、リードしてもらう中で上手になっていくでしょう。

このうたを通して、友だちと手と手を合わせる楽しさに気づいてくれるとうれしいですね。

No. 104

P.162

ほたる たるたる

ほたる　たるたる　たんぐるまの　みずは
のめば　さんがれさんがれ　のまねば　あがれ
ほたるこい　ほたるこい
あっちの　みずは　にがいぞ　にがいぞ
こっちの　みずは　あまいぞ　あまいぞ
ひしゃく　もってこい
くんでのましゅ　くんでのましゅ

●解説

ホタルが飛ぶ季節に、この手合わせうたを楽しみます。気持ちを合わせて手を合わせようとして、ぴったり合うまで何度も繰り返して挑戦する子どももいます。

手合わせのわらべうたとしては難しく、簡単にはできないでしょう。特に、うたの途中で、手合わせのパターンが変わるところが、子どもたちを混乱させます。だからこそ、うまくできた時には、子どもたちは自慢げな表情を見せてくれます。

小さい子どもたちの場合には、簡単なやり方にアレンジして楽しんでもいいかもしれませんが、相手が大きい子どもや大人の場合、繰り返しあそぶうちにできるようになっていきます。

No.105

P.163

あんたがた どこさ

あんたがた　どこさ　ひごさ
ひご　どこさ　くまもとさ
くまもと　どこさ　せんばさ
せんばやまには　たぬきが　おってさ
それを　りょうしが　てっぽで　うってさ
にてさ　やいてさ　くってさ
それを　このはで　ちょいと　おっかぶせ

●解説

　このわらべうたは、まりつきであそぶことが多いのですが、集団の場合、お手玉を使ってみんなで楽しむことができます。

　お手玉を左の手のひらにのせて、右手でつまんで、「さ」のところで右の友だちへ回していきます。何度かあそぶうちに、子どもはすぐに要領を得て、「さ」が来るのをワクワク待つでしょう。

　みんながちゃんとできれば、お手玉はきれいに回ります。うまくいくまで何回も挑戦しようとしますが、それだけに、成功した時には格別の喜びを味わえるあそびです。

　小さい子どもの場合、一人あそびで楽しみます。手のひらでお手玉を打つだけでなく、「さ」のところで、自分の頭にのせたり、肩にのせたりして変化をつけてもよいでしょう。

No.106

P.164

ぺったら ぺったん

ぺったら　ぺったん　もちつけ　もちつけ
ぺったら　ぺったん　もちつけ　もちつけ
もちつけた　はい　かみだなへ
ことしも　いっぱい　おこめが　とれますように
おねがいします
ぺったら　ぺったん　もちつけ　もちつけ
ぺったら　ぺったん　もちつけ　もちつけ
もちつけた　はい　とだなへ
となりの　ねずみが　ひいてった
ぺったら　ぺったん　もちつけ　もちつけ
ぺったら　ぺったん　もちつけ　もちつけ
もちつけた　はい　おとなりへ
となりの　ひとに　おすそわけ

●解説

お手玉をおもちに、手をきねに見立てて、おもちつきをします。みんなで輪になって、頭に置いたり、肩に置いたりします。「となりの ねずみが～」や「はい おとなりへ」のところで、お手玉を同じ方向へ送っていきます。小さい子どもの場合は隣に送るのが難しいので、頭に置くだけでも楽しめるでしょう。

「おすそわけ」など、現代ではなじみの少ない言葉に出会えるのが素敵です。

No.107

いちじく にんじん
～きゅうりに とうがん

いちじく　にんじん
さんしょに　しいたけ
ごぼうに　むかごに
ななくさ　はつたけ
きゅうりに　とうがん

●解説

　わらべうたには、数えうたと呼ばれるものがたくさんあります。このうたは、その中の一つで、身近な食べ物を数に言いかえて唱えます。

　にんじんやきゅうりは、日頃から食事によく登場します。親しみがある名前なので、うたを覚えるきっかけにもなるでしょう。

　一方で、いちじくなどのように、普段はあまり食べたり見たりすることがない食材もこのうたには含まれています。中には、うたから覚えて、実際にいちじくを見たり、食べたりする時に、「これがあの“いちじく”なのか」などと思う子どももいるのではないでしょうか。

　あそびのいろいろな場面でうたわれるうたです。

No.108

P.164

ひとやま こえて

ひとやま　こえて
ふたやま　こえて
みやまの　たぬきさん
たんたん　たぬきさん
あそぼじゃないか
いまは　ごはんの　まっさいちゅう
おかずは　なに？　うめぼし　こーこ
ひときれ　ちょうだい　いやいや　しんぼ

●解説

問答あそびのわらべうたです。小さい頃は、ぬいぐるみなどを手に持ちながら、劇あそびのようにに演じてうたうと、視覚的な情報がうたのイメージを助け、理解しやすくなります。

「いやいやしんぼ」では、よく笑いが起こります。うたの内容をよくわかっている証拠ですね。

何度もうたって慣れ親しんだら、「おかずは なに？」の後の答えを、子どもたち自身が考えることもできます。子どもによっていろいろなおかずが登場しますが、自分が考えたメニューがうたの中に出てくると、とても満足した表情になります。どんなメニューであっても採用して、うたの中に登場させてあげると自信につながります。このことは、友だちのメニューをちゃんと聞くことにもつながることでしょう。

No. 109

P.165

いちじく にんじん

～ごぼうで ほい

いちじく　にんじん
さんしょに　しいたけ
ごぼうで　ほい

●解説

身近な野菜や果物が出てくる数えうたで、いろいろな場面でうたいます。例えば、鬼決めでもうたいますし、それ以外にも、遊具を並べたり数えたりしながらうたうとよいでしょう。また、指を折りながらうたに合わせて１から５まで増やしていき、最後の「ほい」のところで手拍子、数と指の本数を合わせるしぐさあそびにもなります。

「いちじく にんじん」で始まるうたはたくさん伝えられています。その中で、このうたは短い中に、リズムよく数字がおさまっており、覚えやすく、子どもたちも大好きです。No.107の「いちじく にんじん～きゅうりに とうがん」は節のない詩ですが、こちらは節があります。

No. 110

P.165

いち にの さんもの しいたけ

いち　にの　さんもの　しいたけ
でっこん　ぼっこん
ちゅうちゅう　かまぼこ
ですこん　ぱー

●解説

10まで数えるうたですが、鬼決めの時にもうたいます。

言葉の意味より、音であったりナンセンスなところを楽しむうたです。「でっこん ぼっこん」のところから、意味の通らない言葉の連続になります。子どもは、こういうところを楽しんでうたってくれます。

物を数えたり、物を並べていったり、小さい子どもはそれだけで楽しいです。お風呂の時、湯船につかりながらうたうのも楽しいですね。

No.111

P.165

いっちょこ にぐるま

いっちょこ　にぐるま
さんまの　しおづけ
ごんべ　むらの
なきむし　やえもん
なっぱ　はっぱ
きゅうり　とうなす

●解説

10までの数が、身近なものの言葉で言いかえられたわらべうたです。親しみやすいメロディがついているため、覚えやすく、よく子どもたちもあそびの中でうたっています。

数えるのが難しいものには、あえてメロディのあるこのようなうたを選ばず、唱えていくもので数えると、途中でうたが途切れることがないのかもしれません。しかし、映像ではカップを重ねながらうたい、途中でとまりかけたうたが集中力と持続力によって最後まで到達しました。

子どもと、その子どものテンポでうたをとめずにうたい続けた大人の達成感はひとしおで、この喜びは、内的に共有され、次への励みになっていくことでしょう。

No. 112

P.165

いもの にたの

いもの　にたの
さんまの　しおやき
ごぼうの　むしたの
なのはな　はくさい
きゅうり　とうなす

●解説

なじみのある野菜や魚が出てくるので、とても覚えやすい数えうたです。特に、6までのところは、食材と調理法が言葉になっているところが楽しいです。

鬼決めにうたうこともありますが、日常生活やあそびの中で何かを数える時、ただ1、2、3…と数字を唱えるのではなく、このようなうたをうたいます。

頭文字と数の言葉の関係に気づくのは5歳以降でしょうか。1～10の数になっていることに自ら気づくと、子どもはとても喜びます。ぜひ、言葉をしっかりと発音したいですし、周りで耳をそっと傾ける子どもを意識して、大人からもうたいたいものです。

No. 113

P.165

いっちく たっちく

いっちく　たっちく
じゅうにが　ふぃが
ちくむく　ちんぼらが
うどぅんぬ　くしんじ
ふるが　よい

●解説

10までの数えうたですが、鬼決めでもうたいます。貝がらを1つ2つと数える時のうたで、沖縄で伝えられたわらべうたです。

方言なので、言葉の意味はわかりませんが、独特の音が、繰り返すうちに耳になじんできます。

数えうたなので、拍を感じてうたうことも意識しますが、同時に琉球音階の美しい旋律が特徴でもあるので、旋律を大切にうたいたいうたでもあります。

子どもたちにも、周りの仲間の声に耳を傾けられるよう声かけすると、声がまとまり美しい旋律が生きてくるでしょう。特に最後のフレーズは高い音で終わるので、もっとも丁寧にうたうよう、みんなで意識すると美しくまとまります。

No. 114

P.166

げっくり かっくり

げっくり　かっくり　すいようび
もっくり　きんとき　どろだらけ
にちようび
おわりの　かみさま　さんだいし
ぴーひょろ　ぴーひょろ　さんだいし
そら　はいれ　そら　はいれ

●解説

月曜日から日曜日までの「曜日」を数えるうたです。

水曜日、日曜日だけそのままの言葉で、他の曜日は言葉あそびのように、違う言葉に置きかえられています。どこに曜日が隠れているかを発見した時、子どもたちはとてもうれしそうです。

年度の初めやカレンダーを見る時に、曜日を覚えるきっかけとして、うたわれることがあります。しかし、その他にも、二人組が向かい合わせで手をつなぎ、背中合わせの一重円になるあそびもありますし、歌詞としては、門をくぐるあそびなどでうたっても楽しめるでしょう。

No.115

P.166

ひとつ ひよどり

ひとつ　ひよどり　ふたつ　ふくろう
みっつ　みそっちょ　よっつ　よがらす
いつつ　いしたたき　むっつ　むくどり
ななつ　なぎさの　はまちどり
やっつ　やまどり　ここのつ　こうせみ
とおで　とおとお　かっちょう　からから　もずのこ
もずは　たかの　おろしご
おろさにゃ　ことるぞ
これで　いっかん　あがった

●解説

鳥の名前がたくさん出てくる数えうたです。園庭や散歩先で見られる身近な鳥が出てくるので、子どもにとっても親しみやすいうただといえます。「ひとつ」と「ひよどり」、「ふたつ」と「ふくろう」のように、数と名前が一致しているのが数えうたの特徴で、長くても覚えやすくなっています。すべてうたいきると、とても満足した表情を見せてくれます。

大きくなれば、フレーズずつ交代しながらうたい継ぐことができますが、小さい子どもの場合、鳥の絵や写真を見比べながらうたって楽しむのもいいでしょう。

No.116

P.167

いも にんじん

いも

いも　にんじん

いもにんじん　さんしょ

いもにんじんさんしょ　しそ

いもにんじんさんしょしそ　ごぼう

いもにんじんさんしょしそごぼう　むぎ

いもにんじんさんしょしそごぼうむぎ　なす

いもにんじんさんしょしそごぼうむぎなす　はす

いもにんじんさんしょしそごぼうむぎなすはす　くり

いもにんじんさんしょしそごぼうむぎなすはすくり　とうなす

いもにんじんさんしょしそごぼうむぎなすはすくりとうなす

いっちょで　にちょで　さんちょで　ほい

●解説

1から10までの数えうたで、野菜や植物の名前で統一されています。

数が増えるごとに毎回「いも」からの言葉を繰り返し唱えなくてはならないのが、このうたの特徴です。

数が進むにつれて、だんだんと言葉が増えていきます。そして、長くなればなるほど、息をつく間もなくなります。子どもにとっては、そこがおもしろいらしく、夢中になって覚えてうたいます。最後のフレーズをうたいきった時の達成感はとても大きいです。

No. 117

P.168

いも いも

いも　いも　　　　　いも
にんじん　にんじん　いもにんじん
さかな　さかな　　　いもにんじんさかな
しいたけ　しいたけ　いもにんじんさかなしいたけ
ごんぼ　ごんぼ　　　いもにんじんさかなしいたけごんぼ
ろうそく　ろうそく　いもにんじんさかなしいたけごんぼ
　　　　　　　　　　ろうそく
しちりん　しちりん　いもにんじんさかなしいたけごんぼ
　　　　　　　　　　ろうそくしちりん
はまぐり　はまぐり　いもにんじんさかなしいたけごんぼ
　　　　　　　　　　ろうそくしちりんはまぐり
くじら　くじら　　　いもにんじんさかなしいたけごんぼ
　　　　　　　　　　ろうそくしちりんはまぐりくじら
とっぱい　とっぱい　いもにんじんさかなしいたけごんぼ
　　　　　　　　　　ろうそくしちりんはまぐりくじらとっぱい

●解説

1から10までを数えるうたですが、No.116「いも にんじん」同様に、数えた言葉を繰り返し、つみ重ねていくうたです。野菜や植物だけでなく、いろいろなものが登場します。

長いうたですが、聞いているうちに、いつの間にか覚えてしまいます。大人が手拍子をつけてうたうと子どもは真剣に聞いてくれます。うたとリズムを同時に聞く体験ができるうたです。初めはゆっくりと一つずつ確認してうたうと覚えやすいでしょう。

No.118

P.169

ばか かば まぬけ

ばか　かば　まぬけ
へっぽこなす　かぼちゃ
すっぱ　すっぱ　みそっぱ
あんた　きらい　ふん
（あんた　すきよ　ちゅ）

●解説

普段だったら言ってはいけないとされる言葉も、このあそびの時は、大きな声で言えます。

「あんた きらい」の裏側に込められた気持ちは「あんた すきよ」です。「きらい」と言いながら本当は「すき」という気持ち…。二人組で二重の輪をつくって行うと、1周して戻ってきます。その時に、「あんた すきよ」でぎゅっと抱き合います。ユーモアたっぷりに内面の気持を表現したうたで、子どもたちは大好きです。

わらべうたは貴重な子ども文化

わらべうたとは

わらべうたが、いつ頃、どのようにできたのか、正確にはわかっていません。はるか昔から、人々の生活や子どものあそびの中で培われ、伝承されてきました。

多種多様な音に囲まれて生活する私たち現代人は、音楽は作詞家や作曲家が創るものと考えがちですが、人類の長い歴史において、そのように音楽が創作されるようになったのはごく最近のことです。芸術としての音楽の前に、伝承としての音楽がありました。

生活の中心に子育てがあった頃、人は、神や仏のためにうたい、労働しながら口ずさみ、生活の中で様々な音色を楽しんできました。そうした営みを背景にして、子どもたち自らがうたい、あそび、生み出してきたのが、わらべうたです。

習慣や信仰、風土の影響によって変化しながら、各地域で伝承された、貴重な子ども文化の一つです。

ふれあいこそが心のスイッチ

わらべうたは数えきれないほど存在し、種類も様々です。しかし、すべてに共通しているのが、人と人をつなぐ愛です。

人は、日々の生活に追われながらも、子どもの育ちに希望を持って生きてきました。お金や物はなくても愛情だけはたっぷり与え、健やかに育ってほしいと願ってきました。そのことを純粋に受け入れた子どもという存在が、あふれる生命力をあそびとして表現することで、わらべうたという豊かな文化を発展させてきたのではないでしょうか。

人々の生活が便利になればなるほど、人と人との生の関わりは希薄になります。ふれあいが減ったことが、子育ての苦しみや、様々な教育問題の原因となっています。

ふれあいは、心のスイッチをそっと押してくれます。わらべうたの音色、わらべうたのリズム、笑顔を交わす子どもの姿がそこにあるだけで、周りは癒しの雰囲気に包み込まれます。心にやさしさが芽生え、大きく膨らんでいくのです。

子どもの本質に応えるわらべうた

今の音楽に比べると、わらべうたは、単調で退屈と感じられるかもしれません。しかし、子どもが心地よいと感じる音の幅やリズムの速さには、制限があることがわかっています。高すぎても低すぎても、速すぎても遅すぎても、子どもにとっては快感ではありません。わらべうたは、長い年月をかけて、子どもにとって心地よいと感じられる音とリズムだけが生き残りました。その意味で、子どもに適切な刺激だといえるでしょう。

伝承された子どもの文化には、子どもの本質に応える要素が詰まっています。例えば、同じリズムや音を繰り返したり、同じ役を何度も繰り返し演じたりすることに、子どもは喜びを見いだします。また、子どもは秩序やルールを好む一方で、ルールのないナンセンスな言葉や問答も好みます。決まっていることを心地よいと思いながら、不確定で未知なものにもワクワクするのです。わらべうたには、こうした子どもの本質に応える要素がたくさん含まれています。

今こそわらべうたを

子ども自身が、生き生きと心躍ることを求めて、何世代もかけて洗練してきたのがわらべうたのあそびです。

時代は変わっても子どもの本質は変わりません。

わらべうたは、教育プログラムでも子育てのマニュアルでもありません。ふれあいの喜びこそが、わらべうたの本質です。子ども期という大切な成長段階にこそ、体験してほしい子ども文化です。

今こそ、豊かな子育て文化、あそび文化を、子どもたちと共に楽しみましょう。

人を育てるわらべうた

人を育てるうた

わらべうたには、特別な教育プログラムのように、突出した学力や競技レベルの運動能力を育てる力はありません。しかし、人が生きていくために欠かせない、大切な関わりを体験する機会を与えてくれます。

わらべうたあそびの本質は、相手を感じて、信頼して、想像して、共に楽しもうとすることです。赤ちゃんは、信頼する人からの愛情あふれる語りかけと肌のふれあいを心の栄養とします。抱かれながら、語りかけられながら、人を信頼する基本を獲得して、この世に生まれてきてよかった、と全身で理解します。成長するにつれ、その生きる喜びを外に向けて発信するかのように、信頼する仲間たちと楽しみを共有していくのです。

わらべうたは、子どもと大人が、そして、子どもと子どもが、あそびを通して上手にコミュニケーションをとるためのうたです。ふれあいうたであり、あそびうたであり、育てうた、育ちうたでもあるのです。

●わらべうたが育む心と身体

うたを聞くことは、他者の言葉に耳を傾けることにつながります。わらべうたあそびの様々な場面では、自分以外の存在と心を通わせるために、聞く、待つ、集中する力が求められます。

うたに合わせてみんなで体を動かす時、空間を認知して自分の身体をコントロールする力が求められます。手と手を合わせ、足並みをそろえる中で、力を加減したり、リズムをそろえたりする調整力も必要です。

音と言葉と動きで構成されるわらべうたあそびは、目と耳と口と身体と脳の全体を育てるのです。

わらべうたが育む言葉

子どもは、耳から入る音と言葉をどんどん吸収します。毎日あそぶうちに、たくさんのわらべうたを覚え、時には、とても長い歌詞をスラスラとうたうことができます。

この時に注目したいのは、その記憶力でも語彙量でもありません。わらべうたを通じて、日本語の感性とリズムを心に刻んでいることです。語呂合わせのうた、数えうた、季節のうた、神を想像するうたなど、様々なうたと言葉であそびながら日本語文化の奥深さを味わうことが大切です。

こうした記憶は、大人になっても決して色あせることはないでしょう。子ども期だからこそ、豊かな日本語のあそびにどっぷりと浸かる体験を保障したいものです。

●わらべうたが育む社会性

スポーツやゲームにルールがあるように、わらべうたにも決まりごとがあります。子どもは、決まりを守ることで、あそびが楽しくなることを体験していきます。

わらべうたあそびでは、ルールは柔軟に運用され、時には手加減をしたり、見逃したりする場面が見られます。大きい子も小さい子も、できる子もできない子も、いっしょに楽しむことができるのです。

わらべうたの決まりごとは、勝ち負けを決めるためではなく、みんなで物語を楽しむための案内役として存在します。わらべうたには、歩調を合わせてうたったり、しぐさや役を演じたり、相手の声を想像したりするあそびがたくさんあります。心と身体の体験をみんなで共有することそのものを楽しむのです。

わらべうたあそびが育むのは共生の心、人が共に生きるために必要な自主性と協調性のバランスなのです。

わらべうた実践の映像について

●本書の映像について

今、子育てに関わる多くの現場で、わらべうた実践の研修が行われています。本書は、そうした保育現場や子育て支援現場の専門性を高めることを目的に制作されました。

本書の映像は、実際の保育現場での実践を撮影したものです。撮影されたものの中から、日常的に実践される傾向が高いもの、さらには、子育て支援関係者にとって実践しやすいものを選び、収録しました。

●うたの数、選択、テーマ

本書のテーマは、そのタイトルにあるとおり「3・4・5歳のふれあいうた・あそびうた」です。すでに発行された同シリーズ『映像で見る0・1・2歳のふれあいうた・あそびうた』の、次の発達ステージが対象で、主に小集団やクラス集団でのあそびを中心にまとめ、実践計画をつくる際に役立つように、あそびの種類を整理しました。

●あそびの前後、画面の外を想像してほしい

映像は、編集によってうたあそびの部分のみが収録されていますが、その前後には、様々な関わりややりとりがあります。また、子どもは一見すると、うたあそびに参加していなくても、声やあそびを意識しながら、心の中であそびに参加していることもあります。

わらべうた実践ならではの、画面の外の見えない部分や、子どもの表情にあらわれていない部分を想像しながらご覧ください。

お子様の個人情報保護のため、映像を撮影した保育園の情報は公開しておりません。
保育実践の内容についてご質問がある場合には、編集部にお問い合わせください。

●多くの現場で有効活用してほしい

わらべうたは、全国に数えきれないほど存在し、あそび方やうたの解釈も、地域や研修グループによって異なります。本書の映像は、それぞれの研修を深めるためのヒントとしてご活用ください。

本書が、多くの子育て関係者にとって、わらべうたあそびにふれるきっかけとなり、学びの入り口として役立つことを願っています。

楽譜一覧

うたの解説ページ(P.7)の右上に があると、楽譜一覧に楽譜が掲載されています。「**P.*****」で掲載ページを指定しています。

No.2　こりゃ どこの

こ りゃ ど こ の じ ぞう さん う み の
は た の じ ぞう さん う み に つ け て どぼーん

No.3　たけんこがはえた

た けん こ が は え た た けん こ が は え た
ぶ らん こ ぶ らん こ さ る が え り

No.4　さるの こしかけ

さ る の こ し か け め た か け ろ め た か け ろ

No.5　おすわりやす

お す わ り や す い す どっ せ
あん ま り のっ た ら こ け まっ せ

No.6　きよみずの

き よ み ず の かん のん さ ま に す ず め が
さ ん び き と ま っ た そ の す ず め が は ち に
さ さ れ て あ い た た ぶん ぶん あ い た た ぶん ぶん
ま ず ま ず いっ かん か し もう ー し た

こめ やすくなれ やすくなれ　　はな たかくなれ たかくなれ

No.7　えびすさんと

え びすさん と だいこくさん と に ら めっ こ し ま しょ
わ ろ た ら だ め よ うん とこどっ こい しょ

No.8　にゅーめん そーめん

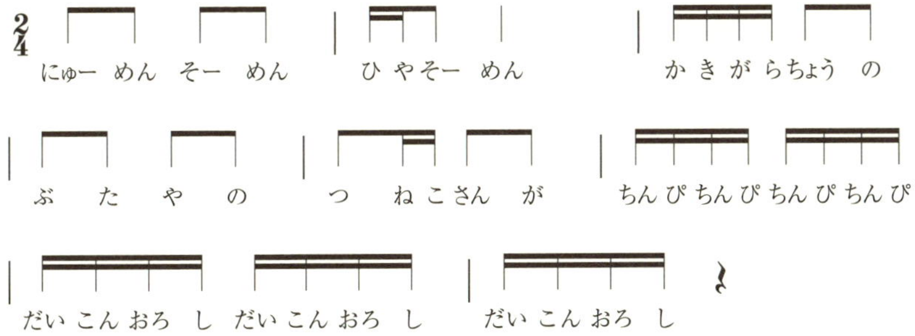
にゅー めん そー めん ひ やそー めん か き が らちょう の
ぶ た や の つ ねこさん が ちんぴちんぴちんぴちんぴ
だいこんおろし だいこんおろし だいこんおろし

みせですか？　おくですか？

No.9　いちばち とまった

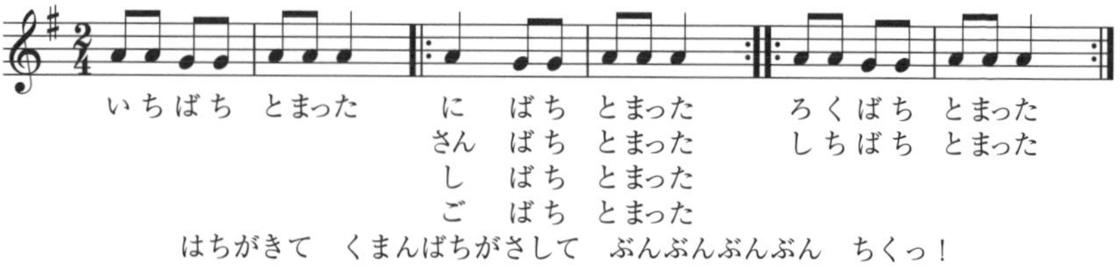

いちばち　とまった　に　ばち　とまった　ろくばち　とまった
さん　ばち　とまった　しちばち　とまった
し　ばち　とまった
ご　ばち　とまった
はちがきて　くまんばちがさして　ぶんぶんぶんぶん　ちくっ！

No.10　たんぽぽたんぽぽ

たん　ぽぽ　たん　ぽぽ　む　こう　や　まへ　とん　で　け

No.11 & No.87　とんぼや とんぼ

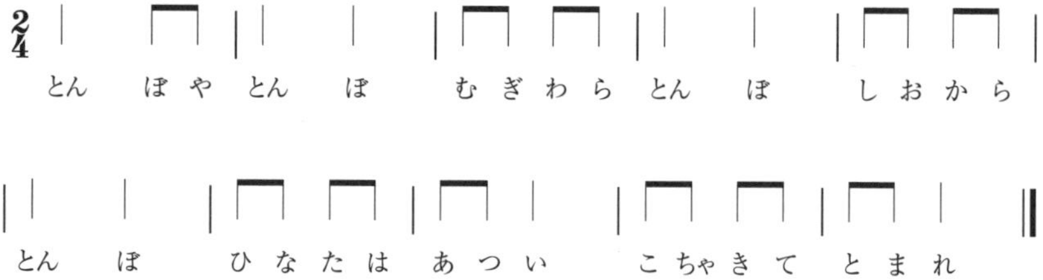

2/4
とん　ぼや　とん　ぼ　むぎわら　とん　ぼ　しおから
とん　ぼ　ひなたは　あつい　こちゃきて　とまれ

No.12 & No.97　なべなべ

な　べ　な　べ　そ　こぬ　け
そ　こが　ぬけ　たら　かえ　りま　しょ

No. 13 & No. 51　おちゃをのみに

お　ちゃ を　の　み に き て く だ さい はい
こん に ち は　い ろ い ろ お せ わ に
な り ま し た はい さ よ う な ら

No. 14 & No. 81　まめっちょ まめっちょ

ま めっ ちょ ま めっちょ いっ た ま め ぼ りぼり いん ね ま め
な まぐせ す ずめら も ま わっ か ら お れ ら も まわりましょ

No. 15　うさぎ うさぎ

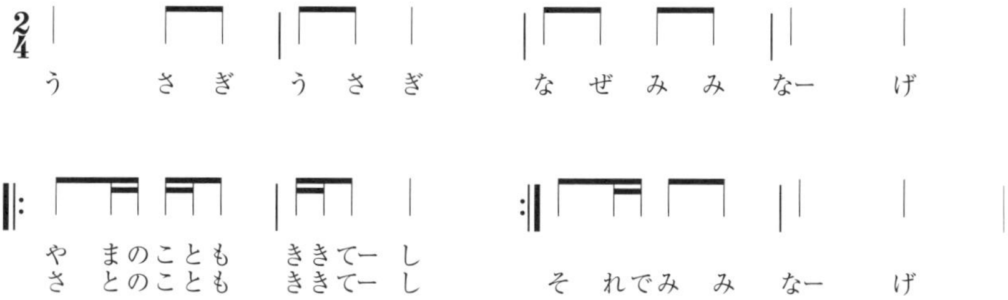
う さ ぎ う さ ぎ な ぜ み み なー げ
や まのことも ききてー し
さ とのことも ききてー し そ れでみ み なー げ

No. 16　あずきちょ まめっちょ

2/4
あ ず き ちょ ま め ちょ や か ん の つぶれっ ちょ

No. 17　ぎっこん ばっこん

2/4
ぎっ こん ばっ こん よい しょぶね お きはな み た かいぞ

No. 18　きっこの こびきさん

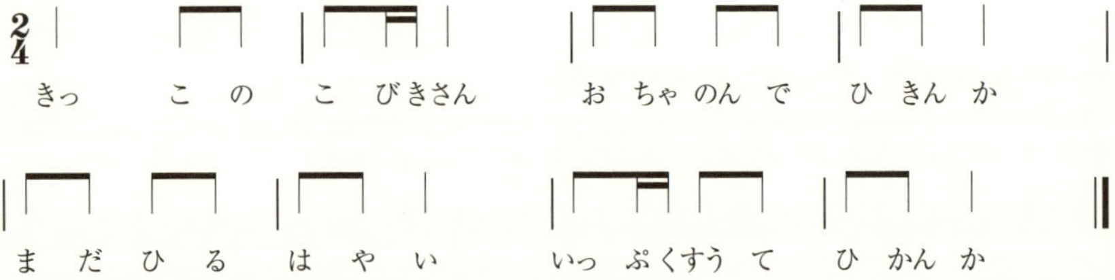
2/4
きっ こ の こ びきさん お ちゃ のん で ひ きん か
ま だ ひ る は や い いっ ぷくすう て ひ かん か

No. 19　はたはた おれよ

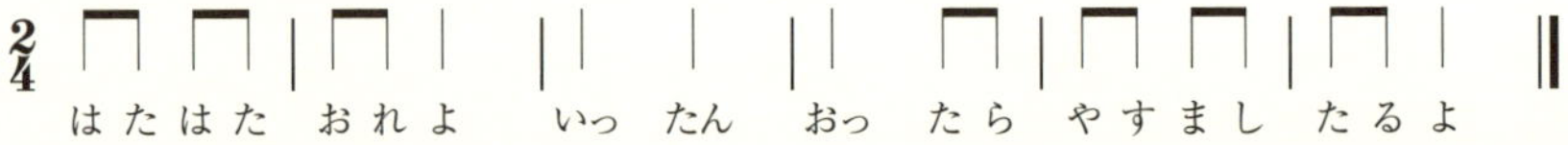
2/4
は た は た お れ よ いっ たん おっ た ら や す ま し た る よ

No. 20　こっちの たんぽ たんぽや

2/4
こっ ちのたん ぽ たん ぽや こっ ちのたん ぽ たん ぽや お
つ むて ん て んや かっ くりかっ くり ばー

No. 21 おはぎが およめに

お は ぎ が お よ め に い く と き は
あん こ と き な こ で お け しょ し て
ま る い お ぼ ん に の せ ら れ て
つ い た と こ ろ が お に が し ま

No. 22 たけのこ めだした

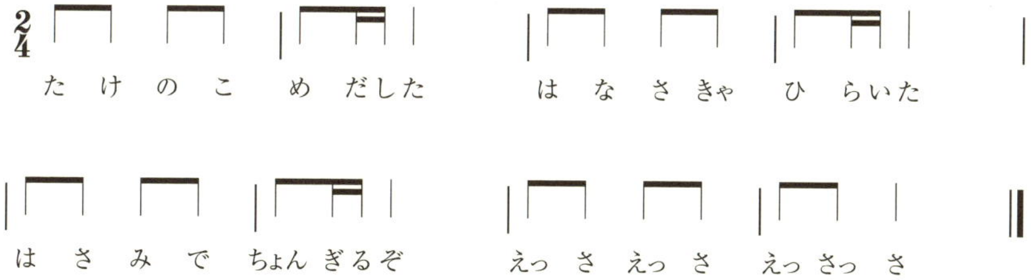
2/4
た け の こ め だしした は な さ きゃ ひ らいた
は さ み で ちょん ぎるぞ えっ さ えっ さ えっ さっ さ

No. 23 にわとり いちわは

に わ と り い ち わ は い ち も ん め こ け こ っこ
に わ と り に わ は に も ん め こ け こ っこ

No. 24　あめ あめ やんどくれ

あ め あ め やん ど く れ
あ し た の ばん に ふっ と く れ

No. 25　さよなら あんころもち

さ よ な ら あん ころも ち ま た き な こ

No. 26 & No. 99　いちわの からすが

い ち わ の か ら す が か あ か
に わ の に わ と り こ け こっ こ
さん わ の さ か な が お よ ぎ だ す
し は し ら が の お じ い さ ん ほ ら
1.2.3.4.
5.
い ち ぬ け ろ ほ ら に ぬ け ろ ほ ら
さ ん ぬ け ろ ほ ら し ぬ け ろ ほ ら
ご ぬ け ろ ほ ら ろ く ぬ け ろ ほ ら
し ち ぬ け ろ ほ ら は ち ぬ け ろ ほ ら
く ぬ け ろ ほ ら じゅう ぬ け ろ

No.27　いもむし ごろごろ

い も む し ご ろ ご ろ
ひょう た ん ぽっ く り こ

No.28　むかえの おさんどん

む か え の お さ ん どん
か み ゆう て た も らん か
めん めん しょう で め を し か め
はん はん しょう でで は な な ら し
くん くん しょう でで く ち あ け て
しん しん しょう でで し た だ し て
あん あん しょう で あ ご な ぜ る

No.29　だいこんつけ だいこんつけ

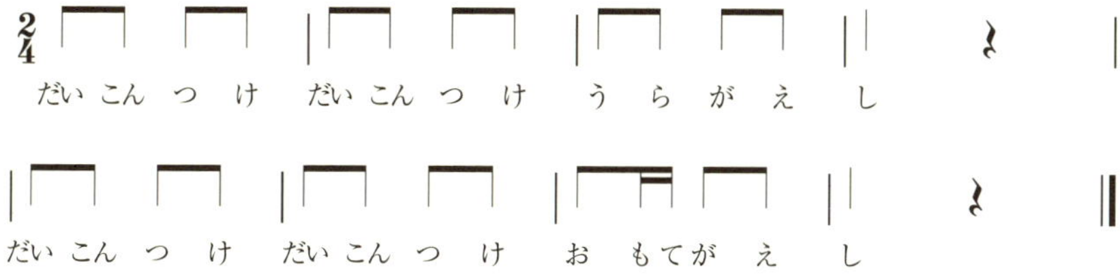
だい こん つ け だい こん つ け う ら が え し
だい こん つ け だい こん つ け お も てが え し

No.30　かれっこ やいて

かれっ こ や い て とっ くらきゃ して や い て
しょう ゆ ー つ け て た べ た ら うまかろう

No.31　つくしは つんつん

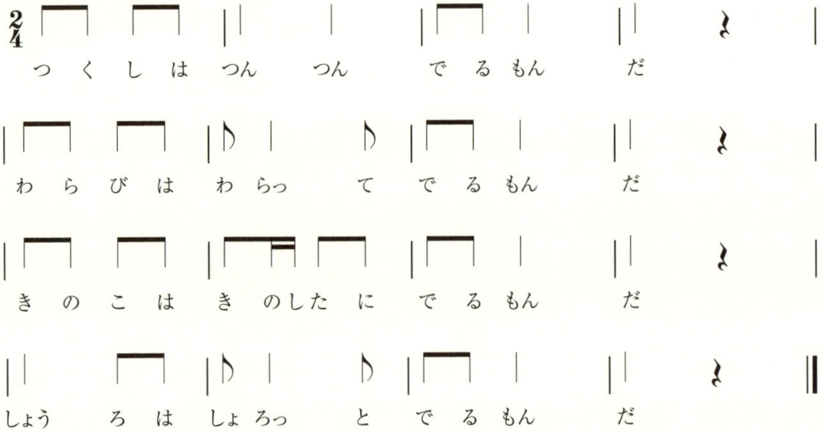
つ く し は つん つん で る もん だ
わ ら び は わ らっ て で る もん だ
き の こ は き のしたに で る もん だ
しょう ろ は しょ ろっ と で る もん だ

No.32　きゃーろの めだま

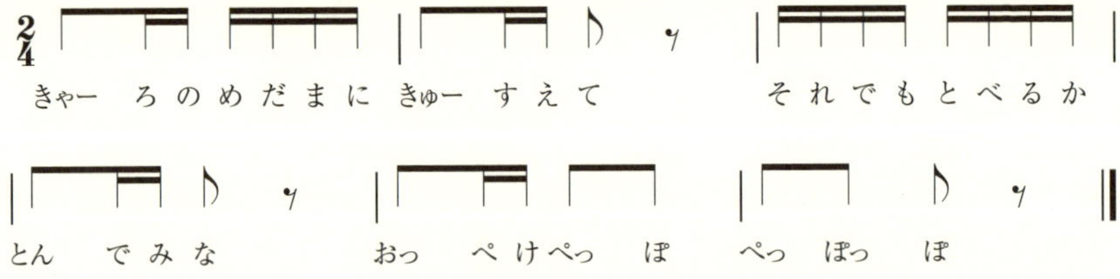
きゃー ろ の め だ ま に きゅー す え て そ れ で も と べ る か
とん で み な おっ ぺ け ぺっ ぽ ぺっ ぽっ ぽ

No.33 くまさん くまさん

く ま さん く ま さん ま わ れ み ぎ
く ま さん く ま さん りょう て を つ い て
く ま さん く ま さん か た あ し あ げ て
く ま さん く ま さん さ よ う な ら

No.34 からす からす

か ら す か ら す ど こ さ い ぐ?
て に もっ た の な に か い な?
お れ に も ちっ と は く れ な い か?
へ っ た ら ま た つ く れ ば い
つ め だ け りゃ あ だ れ ば い
あ つ い な ら そ こ ひ け よ
てん ねん じ の ゆ さ い ぐ
あ わ の こ め あ わ の こ め
く れ れ ば へ る わ い な
つ く れ ば つ め た い よ
あ だ れ ば あっ ち ち ち
そ こ ひ きゃ い た い よ
い た け りゃ い た ち の く そ つ け ろ

No.35　どのこがよいこ

どのこがよいこ　このこがよいこ

No.36　おえびす だいこく

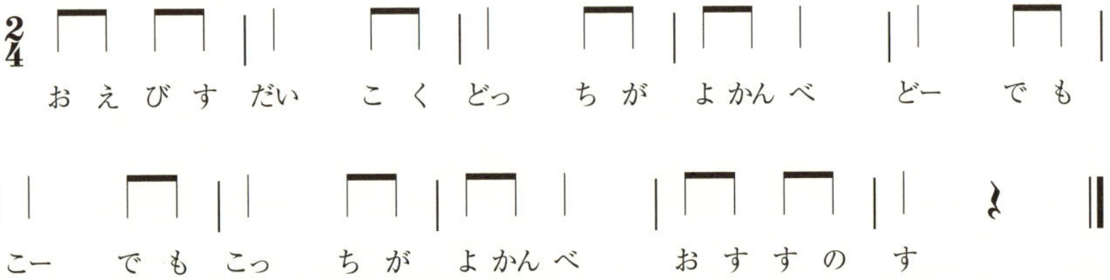
おえびすだいこくどっちがよかんべ　どーでも
こーでもこっちがよかんべ　おすすのす

No.37 & No.63　どっち どっち

どっちどっちえべすさん　えべす
さんにきいたらわかる

No.38　いっぽ でっぽ

いっぽ　でっぽ　ぐっち　じょっく　じょっ　との　け

No.39　いっぷ でっぷ

いっぷでっぷいもくいや　まのぷい　のぷい　のぷい

No.40　いなかの おじさん

いなかの おじさん たんぼみち とおって
かえるを ふんで げのげの げ

No.41　おちょぼ ちょぼちょぼ

おちょぼ ちょぼちょぼ おてらの さらを
いくさら かりた みさら よさら
よさらの うちで みのかさ きたもな
おのれが お にじゃ しんまい
がっちのこで ぬけしゃーんせ かわらの
ねずみが こめくって ちゅう ちゅう すけ
どん どっこいしょ いどばた
で ちゃわんを くだいた だれ だ?

No. 42　てるてるぼうず

てるてるぼうず　てるぼうず
あしたてんきにしておくれ

No. 43　ゆうびん はいたつ

ゆうびん　はいたつ　えっさっ　さ
そくたつ　はこんで　えっさっ　さ

No. 44 & No. 85　ほたるこい

ほたるこい　やまみちこい
あんどのひかりを　ちょいとみてこい

No. 45　ずくぼんじょ

ずくぼんじょ　ずくぼんじょ
ずっきんかぶって　でてこらさい

No. 46　まいまい

まいまいつのーだせ
やりーだせあたまだせ
にてもやいてもくわれんぞ

No. 47　きーりす ちょん

きりすちょん
こどもにとられてあほらしちょん

No. 48　おひさん おひさん

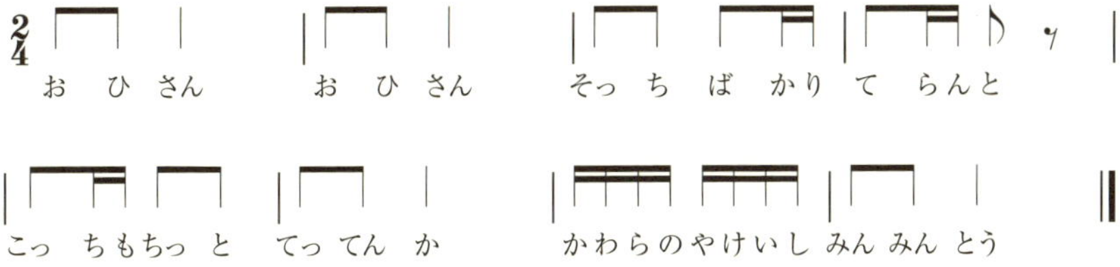
おひさん おひさん そっちばかりてらんと
こっちもちっと てってんか かわらのやけいし みんみんとう

No. 49　とんび とんび ひょろひょろ

とんびとんびひょろひょろ
あしたのてんきはかぜがふく

No.50　ちゅーりっぷ しゃーりっぷ

ちゅー りっ ぷ しゃー りっ ぷ おん り き
り き り き あっ ぷっ ぷ (○ ○ ○)
さん お は い り はい あ り が と う

No.52　おつきさん こんばんは

お つ き さん こん ばん は お は い り
じゃん けん ぽん ま け た ら で な さ い お つ き さん

No.53　いしのなかの

い し の な か の か じ や さん
い し つ い で くう なん せ

No.54　もぐらどん

も ぐ ら ど ん の お や ど か ね
つ ち ご ろ り ま いっ た ほい

No.55　うちのうらの

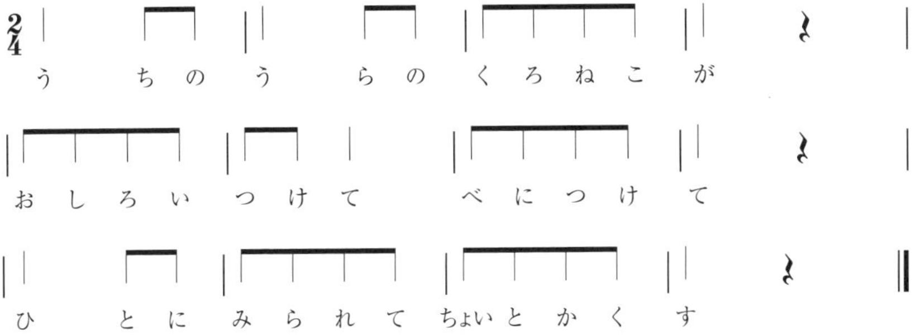
うちのうらのくろねこが
おしろいつけてべにつけて
ひとにみられてちょいとかくす

No.56　じゅうごや おつきさんな

じゅう ごやの おつきさんな まつのかげ
まつから さされて ささのかげ ささ
よーい あずき ささめさ
さ とったがりっかんしょ

No.57　たけのこ いっぽん

たけのこいっぽん ちょうだいな まだめが
たけのここにほん ちょうだいな まだめが
たけのこさんぼん ちょうだいな もうめが
で ないよ
で ないよ
で たよ うしろのほう から ぬいとくれ

No. 58　からす かずのこ

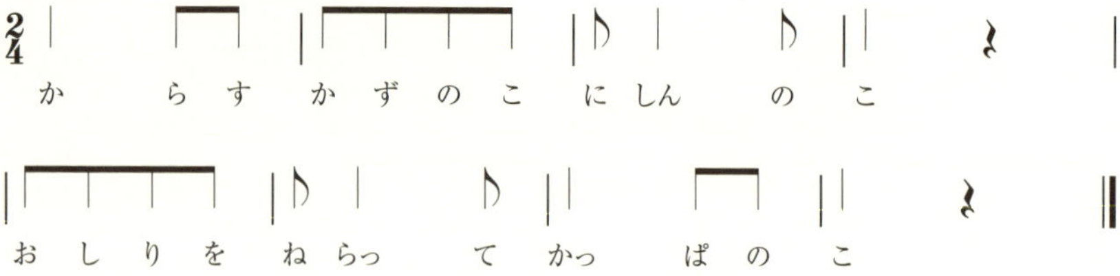
か ら す か ず の こ に しん の こ
お し り を ね らっ て かっ ぱ の こ

No. 59　ほうずき ばあさん

ほう ず き ばあ さん ほう ず き お く れ
ま だ め が で な い よ
ほう ず き ばあ さん ほう ず き お く れ
も う め が で た ー よ
は じ か ら どん どん ぬ い と く れ

No. 60　ぎおんの よざくら

ぎ お ん の よ ざ く ら ちょっ と さ い た
ぎ お ん の よ ざ く ら ぱっ と さ い た
ぎ お ん の よ ざ く ら ぐっ と さ い た

No. 61　やなぎの したには

や な ぎ の し た に は お ば け が う う
お ば け の あ と か ら お けやさん が お け お け
お けやさん の あ と か ら おまわりさん が えっ へん ぷ
おまわりさん の あ と か ら いたずらぼうずがじゃんけん ぽん

No. 62　あのね おしょうさんがね

あ のね お しょうさん が ね くら い ほ んどう でね
な むちん か むちん あ らお か し わね
い ちり と らん らん らっ きょくっ て しっ しっ
しん ぐりがえっ て きゃっ きゃっ きゃ べつ で ほい

No. 64 & No. 98　たまりや たまりや

た ま り や た ま り や おっ た ま り そ りゃ
ぬ け ろ や ぬ け ろ や ね ず み さん

No. 65　ぶーぶーぶー

ぶー ぶー ぶー た し か に き こ え る
ぶ た の こ え ぶー ぶー ぶー

No. 66　あめ こんこん

あ め ー こん こん ふ る な よ
や ま の と り が な く ぞ よ

No. 67　りょうしさん

りょう しさん りょう しさん きょう の え も の は
なん だ ろ な ど かん

No.68　かくれかごとかご

かくれかご　とかご　となって　かくれろ

No.69　おしょうがつ どこまできた

おしょうがつ　どこまできた　くりこまやまの
かげまできた　ぜ　にこさんもん　あげたはんだ
だれもとり　ませんか　だれもとり
ませんちゃ　はてな　ーかんがえろ　かんがえろ

No.70　ちんちろりん

ちん　ちろりん　ちん　ちろりん　かた
させ　すそ　させ　さむ　さが　くる
ぞ　ちん　ちろりん　ちん　ちろりん

No. 71　おてぶし てぶし

おてぶしてぶし　てぶしのなかに
へびのなまやけ　かえるのさしみ
いちょうばこ　やるから　まるめて　おくれ　いや　どっちだ
(だれ だ)

No. 72　よもぎ しょうぶの

よもぎ　しょうぶの　しりたたき

No. 73　ねこが ごふくやに

ねこが　ごふくやに　たびかい　ござる
たびは　なんもん　なんのいろ
にゃ にゃ もん　はんの　ねずみいろ

No. 74　やまの やまの

1.2.3.
4.
やまのやまのおっこんさん
あそびにいかないかい？
まま　ねむった　あんまりあんまり　ねぼうだね
いま　ままくった　あんまりあんまり　おかかだね
いま　べにつけた　あんまりあんまり　おしゃれだね
いま　いくところ

No. 75　あずき あずき

あずきあずきひとつたべてみたら
まだにえとらん　もひとつたべてみたら
もうにえとった
おばさんのとけいはなんじ？
きょーうのおかずはなあに？
おばさんのなまえはなあに？

No. 76　たなばた たなばたさん

た な ば た た な ば た さん し ず か に
わ た っ て こ が ね の ゆ び お に の し
ら ぬ ま に ちょいと か く せ いい わ よ

No. 77　てんやの おもち

てん や の お も ち や ら か い お も ち
あん こ ちょい と ふん で し か ら れ た

No. 78　いっせん どうかは

いっ せん どう か は お も た い な て く て く
く ら べ の おう げ さ よ きゅ う とん

No. 79　ひや ふやの

ひ　や　ふ　や　の　や　ま　み　ち　を
とっ　て　あ　る　く　は　は　な　こ　さ　ん
や　ま　の　ど　て　は　く　ず　れ　た
あ　か　お　に　さん　び　き　に　げ　だ　し　た
は　や　く　に　げ　ろ　や　は　な　こ　さ　ん

No. 80　うぐいすの

う　ぐ　い　す　の　ー　た　に　わ　た　り
う　め　に　う　ぐ　い　す　ほ　ほ　け　きょ

No. 82　ゆすらん かすらん

ゆすらん かすらん たかいやま こえて
ひくいやま こえて あっ ぱっ ぱっ

No. 83　げろげろ がっせん

げろげろ がっせん ごめん やす
あとから よいどが ぼって くる もんを
しめた なんもんで とおす? さんもんで
とおす もう ちっと おまけ おまけは ならぬ

じゃんけんぽん

No. 84　どんどんばし わたれ

どんどんばし わたれ さあ わたれ
こん こが でるぞ さあ わたれ

No.86　たにこえ やまこえ

た に こ え　や ま こ え　てっ きょう　わ た り
き て き を　な ら し て　き しゃ　は し る

No.88　うちけろ けけろ

う ち け ろ　け け ろ　け ろ け ろ　け け ろ
お ら う ち　け け ろ　け ろ け ろ　け け ろ

No.89　もどろう もどろう

も ど ろう　も ど ろう　も も の は　も ど ろう
か え ろう　か え ろう　か き の は　か え ろう

No.90　いっぴき ちゅう

いっ ぴ き ちゅう　も と に　かえっ て に　ひ き ちゅう
に ひ き ちゅう　も と に　かえっ て さん　び き ちゅう
さん び き ちゅう　も と に　かえっ て いっ　ぴ き ちゅう

No.91 うちの せんだんのき

う ち の せん だん の き せ びがちい て な ー く よ
どん どんしゃんしゃん どんしゃんしゃん せ びがちい て な かん と きゃ
びっ きがちい て な ー く よ どん どんしゃんしゃん どんしゃんしゃん
う ち の く ぐりど は く ぐりよ か と ー こ ろ
どん どんしゃんしゃん どんしゃんしゃん う ち の く ぐりど は
く ぐりにくか と ー こ ろ どん どんしゃんしゃん どんしゃんしゃん

No.92 でんでんむし

でんでん む し で む し で な か ま ぶ ちわろ

No.93 つる つる

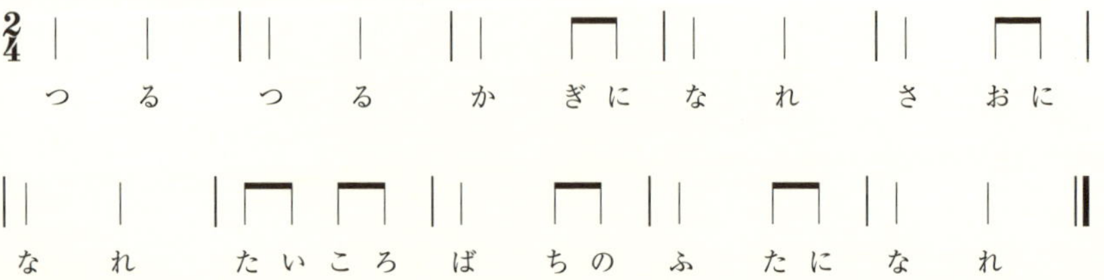
つ る つ る か ぎ に な れ さ お に
な れ た い こ ろ ば ち の ふ た に な れ

No.94　とんび とんび わをまわせ

とん び とん び わ を ま わ せ
とん び は し な の の か ね た た き
い ち に ち た た い て こ め さ ん ごう

No.95　じごく ごくらく

じ ご く ご くらく えん まさん の ま え で
お きょ う を よ ん で は りのや まへ と んでけ

No.96　たんじ たんじ

たん じ たん じ た な ば た
ま た ら い ねん ご ざ れ

No.100　たぬきさん たぬきさん

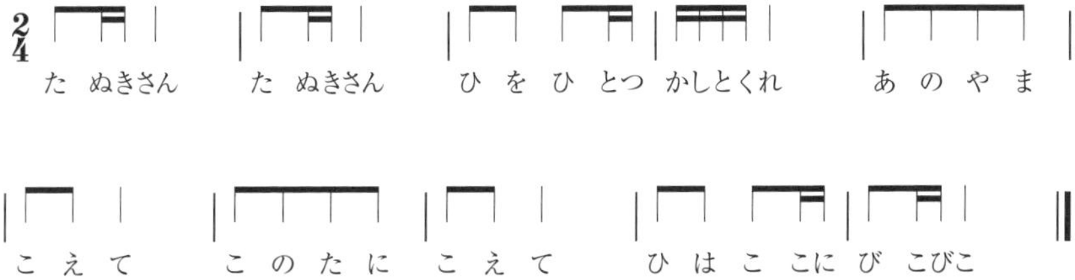
2/4
た ぬきさん た ぬきさん ひ を ひ とつ かしとくれ あ の や ま
こ え て こ の た に こ え て ひ は こ こに び こびこ

No. 101　ちょっぱ ちょっぱ

ちょっ ぱ ちょっ ぱ　ちょちょっ ぱ　ぐ りこひらいて ちょちょっ ぱ

No. 102　せんべ せんべ

せんべせんべ　や け た　ど のせんべ　や け た　こ のせんべ　や け た

No. 103　おもやの もちつき

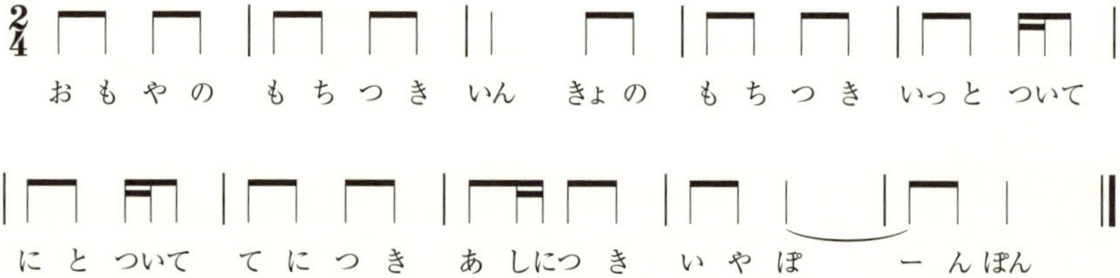
お も や の　も ち つ き　いん　きょ の　も ち つ き　いっ と　ついて
に と　ついて　て に つ き　あ しにつ き　い や ぽ　ー ん ぽん

No. 104　ほたる たるたる

ほ た る　た る た る　たん ぐるま の　み　ず は
の め ば　さん　が れ さん　が れ の　ま ね ば
あ　が れ　ほ　た る こい　ほ　た る　こい
あっ　ち の　み　ず は　に　が い ぞ　に　が い　ぞ
こっ　ち の　み　ず は　あ　ま い ぞ　あ　ま い　ぞ
ひ　しゃ く　もっ て こ い　くん で の ま しゅ　くん で の ま　しゅ

No.105　あんたがたどこさ

あん たが た ど こさ ひ ごさ ひ ごど こさ
く まも とさ く まも と ど こさ せん ばさ
せ ん ば や まに は た ぬき が おっ てさ
そ れ を りょ うし が てっ ぽ で うっ てさ
に てさ やい てさ くっ てさ そ れ を
こ のは でちょい とおっ か ぶ せ

No. 106　ぺったら ぺったん

ぺったらぺったん もちつけもちつけ ぺったらぺったん
1.
もちつけもちつけ もちつけた はい かみだなへ
ことしもいっぱい おこめがとれます ように おねがい します
2.
とだな へ となりのねずみが ひいてった
3.
おとなりへ となりのひとに おすそわけ

No. 108　ひとやま こえて

ひとやま こえて ふたやま こえて
みやまの たぬきさん たん たん たぬきさん
あそぼじゃ ないか いまは ごはんの まっさい
ちゅう おかずは なーに? うめぼしこーこ
ひときれちょうだい いやいやしんぼ

No. 109 いちじく にんじん～ごぼうで ほい

い ち じ く にん じん さ ん しょ に し い た け ご ぼう で ほい

No. 110 いち にの さんもの しいたけ

い ち に の さん ものしい たけでっこんぽっこん ちゅうちゅうかまぼこ ですこんぱー

No. 111 いっちょこ にぐるま

いっ ちょ こ に ぐ る ま さん ま の し お づ け ごん べ む ら の

な き む し や え もん なっ ぱ はっ ぱ きゅ う り とう な す

No. 112 いもの にたの

い も の に た の さん ま の し お や き ご ぼ う の

む し た の な の は な は く さ い きゅう り とう な す

No. 113 いっちく たっちく

いっ ち く たっ ち く じゅう に が ふぃ が ー ち く む く

ちん ぽ ら が う どぅ ん ぬ く し ん じ ふ る が よい

No. 114 げっくり かっくり

げっ くり かっ くり すいようび もっ くり きん とき
どろだらけ にち よー ーーーうび
おわりの かみさま さん だいし ぴー ひょろ ぴー ひょろ
さん だいし そらは いれ そらは いれ

No. 115 ひとつ ひよどり

ひとつ ひよどり
ふたつ ふーくろう
みっ つ みそっちょ
よっ つ よがらす
いつつ いしたたき
むっ つ むくどり
ななつ なぎさの はまちど
り やっ つ やまどり ここのつ こう せみ
とお で とお とお かっ ちょう からから も ずの
こ
もずは たかの おろしご
おろ さにゃ こ とるぞ
これで いっかん あがった

No.116 いも にんじん

No.117 いもいも

♩=112
い も い ーも い ーも にん じん にん じん
いもにんじん さかな さかな いもにんじん
さかな しいたけ しいたけ いもにんじん さかなしい
たけ ごんぼ ごんぼ いもにんじん さかなしいたけ
ごんぼ ろうそく ろうそく いもにんじん さかなしいたけ
ごんぼろう そく しちりん しちりん いもにんじん
さかなしいたけ ごんぼろうそく しちりん はまぐり はまぐり

い も にんじん さ かなしいたけ ごん ぼ ろうそく しちりん は ま ぐり
く じ ら く じ ら い も にんじん さ かなしいたけ ごん ぼ ろうそく
しちりんはまぐり く じ ら とっ ぱ い とっ ぱ い い も にんじん
さ かなしいたけ ごん ぼ ろうそく しちりんはまぐり く じら と ー っぱい

No.118 ばか かば まぬけ

ば か か ば ま ぬ け へっ ぽこ な す か ぼ ちゃ
すっ ぱ すっ ぱ み そっ ぱ あん た き ら い ふん
(す き よ ちゅ)

この本づくりに協力してくださった方々

井沢 潤子
石田 はるみ
落合 瞳
近藤 直恵
禎 玲美
野口 篤子
濵口 敦子
平川 純子
福島 真
藤田 雅子
山田 真未

企画・編集制作

長谷 吉洋

映像編集・DVD 制作

株式会社インピッシュ

装丁・本文デザイン原案

丹羽 素子

DTP

兒島 博文

映像で見る 3·4·5 歳のふれあいうた・あそびうた
心と身体を育む 118 の関わり

2014 年 5 月 5 日　第 1 版 第 1 刷発行

編　者　　園と家庭をむすぶ「げんき」編集部
発行者　　大塚智孝
印刷・製本　　中央精版印刷株式会社
発行所　　エイデル研究所
102-0073　東京都千代田区九段北 4-1-9
TEL.03-3234-4641 FAX.03-3234-4644
ISBN　978-4-87168-541-2